韓國地圖

東 海

黃 海

慶州　蔚山

釜山

鎮海

大邱

慶尚南道

韓國

全羅北道

全州

光州

全羅南道

南 海

濟州 P.170
濟州特別自治道

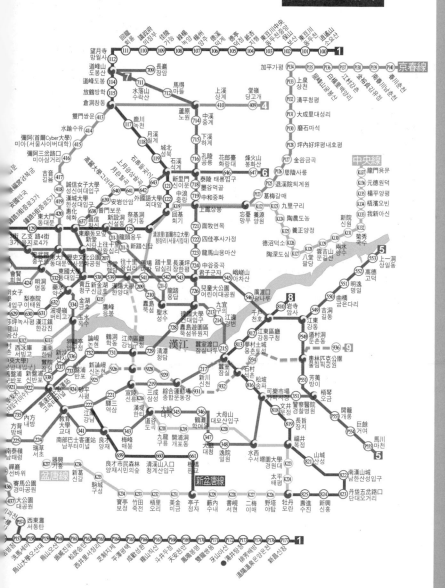

首爾地鐵圖

個人旅行主張

有人在旅行中享受人生，
有人在進修中順便旅行。
有人隻身前往去認識更多的朋友，
有人跟團出國然後脫隊尋找個人的路線。
有人堅持不重複去玩過的地點，
有人每次出國都去同一個地方。
有人出發前計畫周詳，
有人是去了再說。
這就是面貌多樣的個人旅行。

不論你的選擇是什麼，
一本豐富而實用的旅遊隨身書，
可以讓你的夢想實現，
讓你的度假或出走留下飽滿的回憶。

有行動力的旅行，從太雅出版社開始。

太雅

個人旅行 **104**

首爾・濟州

附利川.南怡島.春川.安養

Seoul・Jeju

文字・攝影◎車建恩

太雅

個人旅行 *104*

首爾‧濟州(附利川.南怡島.春川.安養)

目錄

2	韓國全國大地圖
4	首爾地鐵圖
7	出版緣起 / 太雅出版社主張
14	來自編輯室
16	如何使用本書

18 【韓國風情掠影】

■	20	韓國歷史與相關影劇
■	24	體驗韓國四季
■	29	非嘗不可的韓式料理
■	32	海量的飲酒文化
■	34	席捲全球的韓流熱潮
■	38	韓國風情與文化
■	42	旅遊建議行程

46 【首爾分區導覽】

城市印象	48
首爾新體驗	49

■54　鐘路區

概況導覽	55
熱門景點	57

景福宮 / 國立古宮博物館 / 國立民俗博物館 / 三清洞 / SUN當代畫廊 /
玩具博物館 / 北村韓屋村 / 北村文化中心 / 東琳繩結博物館 / 嘉會民畫
博物館 / 韓尚洙刺繡博物館 / 仁寺洞 / 廣藏市場 / 大學路

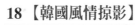

購物名店　　　72
美食餐飲　　　75
深度特寫：咖啡店的好時光　　　78

■**80　　中區**
概況導覽　　　81
熱門景點　　　86
清溪川／明洞／Ｎ首爾塔／南山谷韓屋村／東大門／南大門／首爾市立美術館／德壽宮
購物名店　　　98
美食餐飲　　　100
深度特寫：熱賣的保養與化妝品　　　102

■**104　　大學區**
概況導覽　　　105
熱門景點　　　107
自由市場／梨花女子大學
購物名店　　　112
美食餐飲　　　115
深度特寫：韓國學生的最愛小店　　　118

■**122　　龍山區**
概況導覽　　　123
熱門景點　　　125
梨泰院／三星美術館Leeum／伊斯蘭首爾聖院
購物名店　　　128
美食餐飲　　　129
深度特寫：汗蒸幕文化　　　130

■134　江南區
概況導覽　135
熱門景點　136
新沙洞 / 狎鷗亭 / COEX MALL / COEX水族館 / 蠶室綜合運動場

購物名店　141
美食餐飲　143
深度特寫：國際知名品牌的故事　144

146　【首爾近郊小旅行】

利川　148
南怡島・春川　154
安養　160

■166　首爾住宿情報
精選酒店　167
背包族廉價旅館 / 青年旅舍　168

170　【濟州分區導覽】

城市印象　173
交通概況　174
濟州新體驗　179

■188　濟州市
概況導覽　189
熱門景點　190
漢拏山國家公園 / 珊瑚沙海水浴場 / 牛島 / 牛島峰 / 東岸鯨窟 / 金寧迷路
公園 / 咸德海水浴場 / 漢拏樹木園 / 翰林公園

購物名店　204
美食餐飲　206
深度特寫：濟州五大HOT伴手禮　210

■212　西歸浦市

概況導覽　　213

熱門景點　　215

中文旅遊區／中文大浦海岸柱狀節理帶／如美地植物園／泰迪熊博物館／天帝淵瀑布／巧克力博物館／城山日出峰／山房窟寺／濟州山房山碳酸溫泉／濟州民俗村博物館

購物名店　　230
美食餐飲　　232

■234　濟州住宿情報

精選酒店　　235
背包族廉價旅館／青年旅舍　　237
特色民宿　　239

240【首爾・濟州旅遊黃頁簿】

■ 240　前往與抵達　　　■ 246　消費與購物

■ 242　航空與交通　　　■ 247　日常生活資訊

■ 245　觀光客服務台

全書地圖目錄

韓國全國大地圖	2	清溪川地圖	88
首爾地鐵圖	4	大學區地圖	106
首爾分區位置圖	47	梨泰院地圖	124
鐘路區地圖	56	江南區地圖	135
三清洞、北村地圖	63	濟州島全圖	172
中區地圖	82	濟州市地圖	189
明洞地圖	84	西歸浦市地圖	214
東大門地圖	85		
南大門地圖	85		

來自編輯室

作者序

《One Thing Leads to Another》，是我很喜歡一首英文歌，大意就是一些好事總是由一件微不足道的小事而起。開始的時候，你不會知道那件小事有多麼的重要，只有慢慢地走著走著，再回望的時候，才會發現那些小事的可愛之處。

我第一次的海外旅行是趟一人遊的新馬之旅，在麻將桌上認識了一位韓國朋友，誰料我們會成為重要的朋友？託旅遊雜誌的福，我第一次的免費旅行就是去濟州騎單車環島，在單車上看到不一樣的濟州；新年閒著沒事，就寫了一個韓國旅遊的提案給太雅出版社，順理成章，這本《首爾‧濟州》，成為我的第一本書。

看來我和韓國真的有點緣分，甚至可以說，韓國是我的幸運國家，哈哈，在韓國總是遇上各種好人好事。首爾和濟州是我最熟悉的地方，濟州真的是個充滿魅力的島嶼，很多韓國人把它視作國內旅行的第一首選，但礙於語言問題，濟州的旅遊資訊不多，在濟州自助旅行的海外旅客不算多。我希望把實用的資訊好好整理出來，讓大家可以輕鬆自在遊濟州，也希望大家可以體驗到另一種感覺的首爾。

這本書順利出版，要感謝的人很多，感謝總編輯芳玲果敢地用我這個新人；感謝焙宜對我這個問題少女有問必答；感謝孟儒在農曆新年假期還為這本書努力；也要感謝韓國朋友們，特別是Jieun、Dayoung、Heesoo提供了大量資訊和有趣的相片；還有要感謝那些給我力量的朋友：Heman和Win、帥氣的爸爸、可愛的媽媽、教我標地圖的小妹、幫我打韓文字的小弟。

最後，祝願大家有個幸運又愉快的韓國旅程，遇到有趣的人和事。

Sa Lang Hae!

車建恩

關 於 作 者

車建恩

喜歡韓國古裝劇《善德女王》。
喜歡韓國綜藝節目。
喜歡韓國人的隨意。

好奇心隨著年齡增長不減反升，愈來愈喜歡嘗試不同的小事。曾與韓國朋友到青島參加啤酒節、新年到北京趕廟會、在蒙古國與西班牙人租車遊戈壁沙漠、在濟州騎單車環島……或許去過的地方不算多，但真心喜歡旅程上遇到的所有人和事。畢業於香港浸會大學工商管理系，現職於潮流服裝公司，下班後做著自己喜愛的事。

編 輯 室 提 醒

出發前，請記得利用書上提供的Data再一次確認

每一個城市都是有生命的，會隨著時間不斷成長，「改變」於是成為不可避免的常態，雖然本書的作者與編輯已經盡力，讓書中呈現最新最完整的資訊，但是，我們仍要提醒本書的讀者，必要的時候，請多利用書中的電話，再次確認相關訊息。

資訊不代表對服務品質的背書

本書作者所提供的飯店、餐廳、商店等等資訊，是作者個人經歷或採訪獲得的資訊，本書作者盡力介紹有特色與價值的旅遊資訊，但是過去有讀者因為店家或機構服務態度不佳，而產生對作者的誤解。敝社申明，「服務」是一種「人為」，作者無法為所有服務生或任何機構的職員背書他們的品行，甚或是費用與服務內容也會隨時間調動，所以，因時因地因人，可能會與作者的體會不同，這也是旅行的特質。請讀者培養電話確認與查詢細節的習慣，來保護自己的權益。

謝謝眾多讀者的來信

過去太雅旅遊書，透過非常多讀者的來信，得知更多的資訊，甚至幫忙修訂，非常感謝你們幫忙的熱心與愛好旅遊的熱情。歡迎讀者將你所知道的變動後訊息，提供給太雅旅行作家俱樂

部taiya@morningstar.com.tw

太雅旅行作家俱樂部

如何使用本書

本書精彩單元有：韓國風情掠影、重點城市導覽、熱門景點介紹、購物名店、美食餐飲、精選住宿情報、旅遊黃頁簿及深度特寫報導，一網打盡個人旅遊所需。多元豐沛的資訊，兼具廣度與深度，讓讀者閱完此書，即可輕鬆遊玩首爾、濟州。

先做功課的

【**風情掠影**】以生活化的筆觸，描繪韓國的傳統及現代風貌。透過韓國歷史、四季風景、料理美食、韓流熱潮、傳統文化等面向，讓讀者可以從中找出自己感興趣的題材，發展具有個人風格的旅行方式，是出發前不可不看的知識大補帖。

【**首爾·濟州旅遊黃頁簿**】出發前一定要先拜讀相關的旅遊訊息，這是旅遊的基本準備。有關交通工具的選擇及當地的生活形態更是旅行程規畫不可不考量的因素之一。本章節所收集的皆為第一手情報，實用性高，有助於掌握行前規畫的準確度。

邊走邊看的

【**熱門景點**】每個地區不容錯過的好玩地方都有詳盡的資料與介紹，讓你清楚明白該怎麼去、該怎麼玩、該看些什麼。

【**地圖指引**】每一區皆有一該區地圖，幫助讀者更能了解景點及城市位置，只要按圖索驥，便能找到目的地。另附有首爾地鐵圖，讓你清楚了解所有線路的說明，選擇您方便的路線。

【**旅行小抄**】、【**玩家交流**】、【**知識充電站**】站在讀者的立場著想，提供當下想要了解的旅遊背景資料及TIPS。另外，一些值得注意的有趣小細節、獨特的旅遊美感經驗，作者也在玩家交流中大方分享。

【**深度特寫**】透過作者獨特觀察，歸納整理出單一主題的深度旅遊重點、知識。讓您更加了解首爾、濟州當地。

【**首爾新體驗**】、【**濟州新體驗**】用不同的方式體會該地風情面貌，有助於你更深入的進行旅行計畫。

需要時查詢的

【**購物名店**】、【**美食餐飲**】、【**住宿情報**】吃喝玩樂、血拼，住宿的好地方，在首爾、濟州兩均有介紹，詳細的資料、地圖的明確標示，讓讀者不必苦苦尋覓，並滿足味蕾、視覺及購物的三重享受。

【**首爾·濟州旅遊黃頁簿**】本章詳述前往首爾、濟州時所需的重要資訊。包括簽證、機場、交通、消費購物、電話使用、貨幣、實用網站、節慶等等；內容豐富，全都是最實用的新資料。

※全書幣值以韓國韓圜為單位。

※首爾、濟州內容票價及開放時間每年均會略有異動，本書已盡力更新最新資訊，但仍要提醒讀者，購票前請先留意當地最新公布訊息，再行購買。

※本書提到台北飛往韓國資訊，均指「台灣桃園國際機場」，非「台北松山國際機場」。蓋因各國航空公司的航線經常將之標示為「台北機場」，故以此稱之。

旅遊建議行程

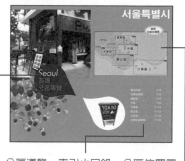

分區導覽、索引小目錄、分區位置圖

熱門景點介紹、玩家交流、旅行小抄

購物名店指引、美食餐飲特蒐

深度特寫報導

首爾、濟州旅遊黃頁簿

本書使用圖例

内文資訊符號

$ 價格‧費用

http 網址

MAP 地圖位置

地址

休 休息‧公休日

前往方法

電話

注意事項

營業‧開放時間

地圖資訊符號

餐廳

巴士‧巴士站

旅客諮詢處

旅館住宿

機場

購物商店、百貨公司

遊輪‧碼頭

旅遊景點

鐵路

Korea
韓國
風情掠影

서울특별시

韓國歷史與相關影劇	P.20
體驗韓國四季	P.24
非嘗不可的韓式料理	P.29
海量的飲酒文化	P.32
席捲全球的韓流熱潮	P.34
韓國風情與文化	P.38
旅遊建議行程	P.42

韓國歷史與相關影劇

韓國小檔案

人口
5千萬

面積
9萬9千多平方公里，大概是台灣的2.8倍

人口密度
世界排名第十二，稍次於台灣(台灣排名第十一)

地理
位於亞洲東北面的朝鮮半島南部，韓國東面瀕臨東海，與日本相望

氣候
溫帶季風氣候，四季分明

匯率
1,000 won兌台幣約26～27元，即時匯率可上網查詢(tw.money.yahoo.com/intl_currency)

時差
比台灣快1小時

電壓
220伏特

國花
木槿花

韓國是亞洲現代化的國家，科技發達，擁有大家耳熟能詳的電子產品、家庭電器品牌，三星電子(Samsung Electronics)、現代汽車(Hyundai Motor)在2011年世界500強排行榜中分別排名第二十二、五十五位，韓國品牌在全球市場占一席位。科技帶來商機，韓國政府也很重視，近年投放資源研發機器人、環保汽車、奈米等新技術。

科技便利生活，同時設計也能美化生活。早在2006年，韓國就悄悄地起革命，以「設計首爾」作為包裝概念，邀請世界知名的建築師參與，打造設計空間，拓廣人們對設計的眼界並為首爾注入新能量。這一切的付出得到國際的認同，令首爾繼義大利都靈之後獲選為「2010世界設計之都」。

韓國是個充滿活力的國家，對新事物躍躍欲試。對於世界性節能減碳的議題，韓國也敢於擔起對社會、環境的責任，已公布在2014年之前將大力推廣電動車的計畫，減少碳的排放量，期待韓國成為一個科技、設計與環保兼備的國家。

韓國歷史簡表

公元前 57	676	935	1392
三國時代	新羅統一時代	高麗時代	

韓國的三國時代
（公元前57年～676年）

　　東漢末年，中國魏、蜀、吳三國鼎立，後世把當時的歷史輔以傳說和想像，寫成家傳戶曉的小說《三國演義》。想不到韓國也有三國時代，大概公元4世紀，百濟、高麗、新羅兼併了附近的小部落和國家，分別統一了韓國的西南部、北方、東南部。漢江流域周邊地區的土地肥沃，三國為了爭奪漢江流域一帶而展開你爭我奪的激戰。

　　亂世出英雄，英雄自然就有很多傳奇的故事，所以韓國的三國時代也是韓國編劇喜愛的題材。新羅善德女王是韓國史上第一位女王，電視台把她設定為雙胞胎的妹妹，創作了一個充滿傳奇、勵志的歷史劇集《善德女王》。而《薯童謠》則是關於百濟的落難王子薯童逃難到新羅，邂逅新羅公主後恢復身分的愛情、歷史故事。

古韓國地圖

相關戲劇
薯童謠
（2005~2006）
善德女王
（2009）

1897　　1910　　1945 至今

朝鮮王朝　　大韓帝國　日本統治時期　大韓民國

朝鮮的繁盛王朝
(1392～1897年)

　　高麗的武將李成桂起兵謀反，成立朝鮮王朝，國祚長達500年，是朝鮮維持得最長的王朝，很多天文、科學的儀器也是在當時發明。世宗是朝鮮王朝第四代君主，在軍事、文化、經濟、政治等方面均有輝煌的政績，把朝鮮王朝推上高峰。朝鮮王朝也是歷史劇常見的朝代，最為大家熟悉的肯定是《大長今》，中宗知人善任，勇於革新，首次任命女性為主治醫女，賜號「大長今」。長今最後與閔政浩在宮外過著自由的生活。另有像《推奴》，也是敘述這個時代的相關戲劇。推奴註定是個不幸的職業。敘述的就是他們捉拿奴隸的坎坷一生。

相關戲劇
中宗年代
大長今(2003～2004)

仁祖年代
推奴(2010)

肅宗年代
同伊(2010)

《推奴》的劇照，攝於濟州民族村博物館

為什麼推奴是不幸的職業

當時韓國的階級制度嚴緊，實行奴隸制度多年。很多時候，奴隸因為生活太苦才逃走，如果被捉到的話，有的被活活打死，有的在臉上刺青。有的人只是為了賺取酬勞而捕捉奴隸，有的人當推奴是為了掙脫奴隸的身分，但並不等於他們認同這種不公平的制度，他們做著於心有愧的工作，但為了生活，也只能一直當下去。

動盪不安的年代
(1910～1953年)

相關電影
共同警戒區JSA
(2000)
太極旗生死兄弟
(2004)

　　朝鮮是日本對外擴張的墊腳石，1910年大韓帝國被迫簽定《日韓合併條約》，日本以殖民地的方式統治朝鮮半島35年(1910～1945年)。家園被侵占，韓國人民人心惶惶，生活痛苦。第二次世界大戰結束後，韓國才從日本手中得到解放，但這只是短暫的和平，韓國很快成為冷戰戰場。以38度線為界，美國和蘇聯把朝鮮半島劃分為南、北兩段，1950年南北韓戰爭爆發，無數的韓國家庭被迫分隔兩地，無辜的平民被迫徵召入伍。1953年南北韓雙方在板門店簽訂《南北韓停戰協定》，韓國人民才得到真正的和平。

　　本是同根生，相煎何太急？南北韓原是同一個民族，但卻要在戰場上對峙。韓國電影《太極旗生死兄弟》以此作為題材，呈現兩兄弟在殘酷的戰爭中相對的無奈。而《共同警戒區JSA》是第一部在板門店取景的電影，拍的是南北韓軍人在板門店建立的友情，寧死也要保護大家之間的祕密，兩部電影感動了不少觀眾。

　　經歷被日本統治的殖民時期、與北韓的內戰後，韓國復原速度比想像中快，1970年代與台灣、香港、新加坡並列亞洲四小龍，1988年成功舉辦奧運會，2002年成功舉辦世界盃足球賽，讓世界更認識韓國一步步走來，就成為現在我們看到的韓國。

←濟州世界盃體育場 ↓2002世界盃足球賽韓國隊應援Tee

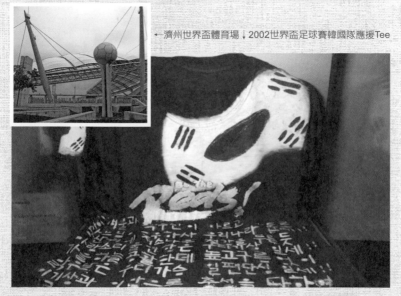

體驗韓國四季

春之花卉

春

一年之計在於春，春天要不要跟我到韓國賞賞花？日本、韓國都是賞櫻的好去處，但他們的櫻花品種卻不一樣，各有各的美。韓國櫻花的花蕾略帶粉紅色，開花後偏粉白色，韓國人隨意種在不同的角落，有的在街上，有的在公園裡。只要是開花的季節，走在大街小巷，也會不經意看到櫻花樹的蹤跡。如果想找個地方好好賞櫻，首爾地鐵沿線的汝矣島和首爾地標南山塔會是方便理想的賞櫻點。除了深受旅客歡迎的櫻花外，春天也是賞油菜花的好季節，每年的4月，濟州島的城山日出峰(P.224)及山房山一帶均開滿金黃色的油菜花，可以邊登山邊賞花。

春天的花不一定局限於櫻花和油菜花，其實韓國每年4月底至5月初會在高陽市舉辦韓國高陽國際花卉博覽會，第一天會優先開放給行內的公司、買家，第二天起才開放給公眾，可一口氣看到來自不同國家的花。為了吸引海外買家，參展公司都會各出奇謀找來獨特的展品，譬如隨溫度變色的魔法玫瑰、比我還要高的蘭花(180公分)、盆栽自動販賣機與迷你仙人掌等等。

圖片提供 / Dayoung

韓國高陽國際花卉博覽會
고양국제꽃박람회
Goyang Korea Flower Show

- ✉ 京畿道高陽市湖水公園
- ☎ (031)9087762
- ⏰ 09:00～19:00
- 💲 成人10,000won、學生7,000won
- http www.flower.or.kr
- ➡ 地鐵3號線至鼎鉢山站，1號出口步行10分鐘

旅 行 小 抄

騎單車環湖

難得來到高陽市，博覽會後當然不要趕著回去，會場附近是個廣闊的人工湖，湖水公園圍繞人工湖而建，沿湖景色怡人，公園還有單車徑，方便遊人環湖郊遊，《燦爛的遺產》的男、女主角也曾在此騎單車約會。

夏之浴場

　　賞花並不是春天的專利，夏天也有盛開的繡球花、睡蓮、蓮花等。6月分是繡球花盛開得最美的月分，在酸鹼值不同的土壤上，會呈現出不同的粉系顏色，如淡粉紅、淡紫、淡藍、淡黃等。雖然不是最鮮艷奪目的顏色，但不同色系的繡球花聚在一起，真是好看。繡球花的花語是「希望」，如果大家也想在夏天看到希望的小花，可以考慮到濟州島的翰林公園喔！(P.200)

　　初夏賞花，炎夏當然要擁抱陽光與海灘。韓國濟州島是陽光與海灘的好朋友，無論你往濟州島的東、南、西、北走，還是會遇上海灘，東面有表善海水浴場，南面有中文海水浴場，西面有挾才海水浴場，北面有咸德海水浴場(P.197)，讓你每時每刻也可投入海灘的懷抱。

　　如果時間有限，沒法到濟州島一趟，也不等於你和陽光與海灘沒有緣分。很多住在首爾的韓國人，會選擇離首爾不遠的仁川乙旺里海水浴場，它可說是韓國人一家大小的消暑好去處。很久之前，乙旺里海水浴場已被發展成為韓國本土的旅遊點，所以設施很齊備，聽說日落的景色也很棒呢！

體驗韓國四季

乙旺里海水浴場
을왕리해수욕장
Eulwangri Beach

- ✉ 仁川市中區乙旺洞
- ☎ (031)9087762
- ⏰ 09:00～18:00
- ➡ 機場鐵路AREX至仁川國際機場站，從仁川國際機場3樓3號出口的公車站坐202、301或306號巴士到乙旺里海水浴場，車程約15分鐘

秋

秋之楓景

　　春夏賞花，秋天賞楓，多有詩意啊！韓國最著名的賞楓地方是雪嶽山和內藏山，但略為遠離首爾，對不諳韓文的旅客來說，交通是一個小挑戰。如果想到郊外賞楓，不妨考慮一下交通簡便的南怡島(P.154)和濟州島漢拏山(P.190)。前者因《冬日戀歌》的拍攝美景而大受亞洲旅客的歡迎，後者是韓國最高的山，透過登山可從不同角度欣賞到楓葉的變化，兩者秋色各有千秋。如果想輕輕鬆鬆在市內賞楓，隨意在景福宮、三清洞、梨花女子大學遊走，同樣不會令你失望。楓葉在古宮、咖啡廳、校園的襯托下，又是另一番美感。

　　在首爾市還可看到一望無際的紫芒草，大概是每年的10月中旬，藍天公園會舉辦為期約10天的紫芒草慶典，紫芒草的高度跟人差不多，在裡面走著走著，就像被它們淹沒似的。藍天公園是世界盃公園裡地理位置最高的公園，因最接近天空而得名，從和平公園通過291級樓梯便可到達藍天公園，藍天公園還有5個大風車，所產生的電力可供給路燈及導覽處之用，可說是自給自足的公園呢！

About Korea

1
2

3

1、2、3圖片提供/Dayoung

韓國風情掠影

體驗韓國四季

世界盃公園
월드컵공원
World Cup Park

- ✉ 首爾市麻浦區城山洞蘭芝道路45-1
- 📞 (02)30055002
- 🕐 慶典期間10:00～22:00；平常10:00～日落後
  1小時
- ➡ 地鐵6號線至世界盃體育場站，從1號出口步
  行10分鐘

冬之皓雪

　　如果韓國的春天是櫻花，夏天是浴場，秋天是楓葉的話，韓國的冬天就是白雪。我們總是對白雪有無限的憧憬，白雪固然好看，但也不要因為太高興而凍壞身體，一定要做足禦寒的準備。1至2月是韓國的嚴冬，天氣寒冷而乾燥，平均氣溫低於攝氏0度。即使沒有下雪，風還是很冷，宜應視天氣攜帶長羽絨、保暖內衣、毛帽、頸巾、手套、保暖褲、暖暖包等，如有遺漏，可到東大門添置(P.93)。由於韓國室內設有暖氣，室內暖和，穿衣宜採用層疊法，可脫可穿。

　　準備就緒冒著寒冬來到韓國，要跟雪來個近距離接觸，不如和白雪一起做運動吧！在韓國滑雪的價錢便宜，位於韓國的東北面江原道有幾個著名的滑雪度假村，但車程較長。如果希望即日來回首爾，可考慮離首爾距離不遠的京畿道，利川市的芝山森林度假村是很多韓國小朋友學習滑雪的地方，利川市還有個陶藝村(P.150)，可說是動靜皆宜的地方。

　　如果一家大小想找個坐地鐵就能到的滑雪場，可以到一年四季都開放的熊津娛樂城室內滑雪場，它鄰近地鐵站，交通方便。美中不足的是，室內的是人造雪並非真雪，但作為一個滑雪場初體驗的試點，實在不錯，因為它有方便的電梯接送，可以在短時間內密集式練習。

熊津娛樂城室內滑雪場
웅진플레이도시스노우도시
Snowdoci

- ✉ 京畿道富川市遠美區上洞572-1
- ☎ (032)2207000
- 🕐 早場10:00～13:00；午場14:00～18:00；晚場19:00～23:00
- 休 週一
- 💲 成人每節30,000 won、學生每節19,000 won、用具租借每節16,000 won，惠顧兩節或以上有優惠
- http www.playdoci.com
- ➡ 地鐵1號線至富開站，轉乘計程車前往，車程約5分鐘

　　　　　　　　本頁圖片提供/Dayoung

非嘗不可的韓式料理

重視養生的韓國美食

　　如果要用一個字概括韓國料理的味道，大家想到的第一個字應該就是「辣」！的確，韓國料理的味道偏辣，韓國的冬天寒冷，辣椒有助血液運行及保暖之用。所以，自高麗時代辣椒傳入起，韓國婦女充分利用辣椒作調味料做菜。

　　如果要選一種韓國的代表食品，大家第一個想到的應該是每頓韓國菜定必見到的泡菜(김치，音：Kimchi)。因為氣候的關係，韓國的冬天沒有蔬菜產出，但又不能整個冬天不吃蔬菜，所以韓國人就想到以發酵技術來延長蔬菜的保存期。一般人認為醃製食品不健康，但其實恰巧相反，泡菜被美國健康專業月刊《Health Magazine》選為世界5大健康食品之一。泡菜含有豐富的維他命A、B、C和纖維素，不但有助消化，而且具有預防老化、抗癌之效。

　　除了泡菜之外，很多韓國料理都講求養生、健康。很久以前，韓國人就深信「藥食同源」，認為任何食物都有藥性，平常吃進肚子裡的食物對身體好，就是最好的補品，所以人蔘、紅棗、杞子等藥材常見於韓國料理裡。以大家最熟悉的人蔘雞湯為例，雖然人蔘雞湯能夠強身補氣，但難免燥熱，他們就加入栗子及糯米中和，務求食物能帶給人們最好的效用。

各種泡菜，攝於首爾鐘路區國立民俗博物館

那麼，韓國人聚會最愛吃的烤五花肉也算健康嗎？肉吃得太多當然無益，但韓國人習慣以生菜、芝麻葉包烤肉吃，還會按個人口味配上辣椒醬、大醬、洋蔥、蝦醬、泡菜、白飯等一起食用。肉吃得多會膩，但爽口多汁的五花肉配上青爽的青菜，令人感到很清爽舒服。而且跟其他肉類相比，豬肉的營養價較高，較易消化，屬於較健康的肉類。

別具風味的韓式小吃

在眾多小吃中，韓國人心中的No.1絕對是炒年糕(떡볶이：發音為Toppokki)。炒年糕的材料一點也不複雜，就是把條狀的年糕和魚丸加入辣椒醬去炒，有些店會加入蔥、洋蔥、胡蘿蔔等蔬菜，有些店會在最後灑上芝麻。不說不知，這麼簡單的小吃竟然是宮廷菜式之一，當然那時候配上的是珍貴的食材，並不是一般家庭吃的到。後來，有位婆婆把吃剩的菜汁用來炒年糕，炒年糕才逐漸成為平民化的小吃。

繼炒年糕後，韓國人氣小吃排名依次為炒米腸、煎餅、串燒、包子、油炸食品、雞爪、面條、糖餡餅、雞腎。內臟在小吃中占了兩樣，當中炒米腸更獲得第二名。米腸其實是在豬腸裡灌入粉絲、米、豬血等餡料，蒸好後可以蘸著椒鹽吃，又或是配辣椒醬和蔬菜去炒。吃下去的質感像是釀有糯米似的，帶有一丁點豬血的味道，喜歡內臟的朋友千萬不要錯過！

進不入十大排名的小吃並不代表沒有看頭，讓人垂涎欲滴的還有香噴噴的雞蛋糕、配湯的魚丸串、材料豐富的韓式壽司。哇！是不是立即想奔到小吃攤去？只要是人潮多的地方，就可以找到小吃攤，最後給大家一個小提示，學校附近的小吃攤價錢會比旅遊區便宜啊！

齊來動手做，健康又美味

　　有一次，韓國朋友問我要不要喝香蕉牛奶，我以為是從便利店買回來的，但她拿出來的是冰凍的香蕉和牛奶，然後即時搾汁。因為香蕉本身有糖分，完全不需要加入調味料，喝下去已經有香甜的味道。原來韓國家庭喜歡動手做，特別是夏天，常做一些天然爽口的果汁、甜品或冷麵之類。而且，近年韓國人愈來愈重視健康，主張在家做飯，少用調味料。又有一次，韓國朋友的媽媽為我準備了豐富的晚餐，我以為會跟出外用膳一樣，有魚有肉，但原來韓國人在家弄的都是以清淡為主，多菜少肉，而且在白飯裡還加入了纖維豐富的紅米，也難怪韓國媽媽的體型這麼標準啦！

韓國朋友的媽媽為我準備的晚餐

美味小吃大集合

1. 雞蛋糕
2. 煎餅
3. 炒年糕
4. 魚丸串
5. 韓式壽司
6. 蒸米腸
7. 炸馬鈴薯
8. 油炸食品
9. 魚漿條
10. 泡菜餃子
11. 串燒
12. 特大餃子
13. 梨子冰棒
14. 魚形紅豆冰淇淋
15. 大白菜泡菜
16. 韭菜泡菜
17. 烤五花肉
18. 薯酒
由馬鈴薯釀製，跟馬格利酒的酒精濃同樣不高

海量的飲酒文化

　　韓國人絕對可說是喜歡喝酒的民族，單單是啤酒就有Cass、Hite、Max、OB等好幾個大品牌，用餐時常看到韓國人用酒，在韓劇常出現的小吃攤或酒館喝酒的場景絕對不假。既然來到酒之國，當然要一嘗當地的酒，首推的是馬格利酒(막걸리，音：Makgeolli)。

　　馬格利是一種韓國的傳統酒，以穀物作為主要材料製作，譬如糯米、粳米、大麥、麵粉等，少量的穀物會沉澱在底下，所以飲用時要將酒瓶略為搖晃。馬格利看上去是米白色，靠近一點真的可以聞到米的香味，喝下去也很香，略帶甜味，很適合女生喝。事實上，馬格利的酒精濃度真的不高，只有6～7度，跟台灣的小米酒差不多，只是比啤酒略高而已。馬格利酒也深受農夫喜愛，喝一杯冰涼的馬格利酒，就是消暑解渴的良方，所以馬格利酒也有「農酒」之稱。

　　跟馬格利酒相比，韓國燒酒的普及性更高，如果酒量好一點，不妨試試看。燒酒是由水稀釋酒精製成的烈酒，酒精濃度為20～30度，味道和中國的白酒有點相似。一般來說，餐館或酒館有喝燒酒專用的小杯子，通常都是一小杯、一小杯的喝，可不要因為喝得太快、太多而醉倒喔！除了韓國人外，韓國燒酒也深受世界各地的喜愛，銷往世界各地，銷量不容忽視。

　　馬格利酒和燒酒的價錢大眾化，一般的牌子可在便利商店或超級市場以1000～2000 won的價錢買到，出外喝酒的價錢當然比便利商店貴，但在小吃攤邊吃佐酒小吃邊喝酒的氣氛實在太棒了，有興趣的朋友不妨到廣藏市場(P.69)、小吃攤或酒館去嘗試一下。

韓國各酒類的海報

About Korea

不要小看女生酒量

　　曾經在青島參加啤酒節，啤酒節當然少不免喝酒的環節，邊玩遊戲邊喝酒，不知不覺喝多了。我和同行的美國男生也

喝得有點睏，但韓國女生一點醉意也沒有，跟平常一樣。因為她在韓國訓練有數，平常喝的是燒酒。喝酒是韓國避免不了的活動應酬，韓國人晚飯聚會後，習慣再到酒館或小吃攤再去喝酒。而且，韓國人重視輩分，認為長幼有序，如果長輩或公司的上司邀請你去喝酒，一般都很難推拒，只好捨命陪君子。日起有功，就算是女生，酒量也不會太淺。

馬格利酒

海量的飲酒文化

覆盆子酒是韓國人喜愛的水果酒

未成年請勿飲酒

席捲全球的韓流熱潮

帶動觀光的韓劇

　　韓劇在亞洲地區捲起10年以上熱潮，不得不提的是，掀起熱潮序幕的催淚愛情劇始祖《藍色生死戀》，之後同類型的劇集亦深受亞洲觀眾的喜愛，常見絕症、調包、失憶、車禍、失明等元素，戲劇化的煽情情節往往成功觸動觀眾的情感。《大長今》更把韓劇的熱潮推到最高峰，該劇把韓國歷史、傳統文化、兩性地位、愛情勵志等豐富的元素共冶一爐。而之後承接熱潮的大多以輕鬆惹笑的愛情劇為主。

　　韓國電視台現維持KBS、MBC及SBS三國鼎立的局面，在良性競爭的情況下，拍攝了不少膾炙人口的韓國電視劇。近年的劇種更趨多元化，有在多國取景的大製作《Iris》，其動作特技的畫面可媲美電影；有加入魔幻元素的愛情喜劇《祕密花園》；有70年代懷舊的青春勵志劇《麵包王金卓求》等。

　　這些韓劇均與旅遊推廣息息相關，韓國觀光社擅長把流行劇集的拍攝地點包裝成旅遊景點推廣，效果非常成功，現已成為宣傳賣點之一。

熱潮序幕：
催淚愛情劇

亞洲熱潮之顛：
古裝勵志劇

2000
2002
2003
2004

藍色生死戀

冬日戀歌

天國的階梯

大長今

《冬日戀歌》的劇照，攝於春川市南怡島

《大長今》劇照，攝於濟州民俗村博物館

搞笑的綜藝節目

玩家交流

韓國人喜歡遊戲，還會配合一系列的懲罰，增加投入度，好不認真，所以由遊戲達人製作的綜藝節目真的很有趣。綜藝節目的拍攝地方不一定局限在電視台的場景，相反他們更傾向實景拍攝，除首爾外，也會走遍韓國的東南西北，甚至是一些小村莊，順道推動韓國本土的旅遊業。你猜猜什麼地方最受主持、嘉賓的喜愛呢？答案就是濟州島！濟州島可是韓國的國民旅遊勝地！

他們不僅在當地玩遊戲，還會和當地的人和事有很好的互動，譬如《家族誕生》主持們常善用當地的自然生態或食材，那裡有河，就在那裡捉魚做飯好了。他們也會為當地居民服務，有時候，他們辦演唱會、做節慶食品給村莊的老人家；有時候，他們為清晨坐巴士的學生送早點。玩樂之餘也能體貼當地居民的需要，讓人感覺很溫暖。

韓國國民主持人劉在石，常主持綜藝節目

綜藝節目代表作

無限挑戰	2006～至今
家族誕生	2008～2010
Running Man	2010～至今

熱潮延續：
輕鬆愛情劇

近期熱潮：
多元化戲劇

2004

2006

2005

2009

2010

宮

麵包王
金卓求

Iris

浪漫滿屋

燦爛的遺產

祕密花園

我叫金三順

以《宮》作主題的泰迪熊

《祕密花園》的劇照，攝於首爾龍山區Itawon Land→

引領潮流的韓國音樂

首爾街頭到處可見青春洋溢的偶像廣告。以上均攝於地鐵廣告

　　韓劇熱潮不但間接推動了旅遊業，而且還把韓國組合帶到亞洲觀眾面前。飾演韓國版《流星花園》花澤類的金賢重讓大家認識了SS501；而CN Blue在韓國出道沒多久，隊長鄭容和就憑《原來是美男》一劇受到廣泛的認識。

　　單依靠韓劇熱潮，但組合沒有各方面的實力，還是無法留住樂迷的心，而在激烈競爭中站隱陣腳的韓國組合，自然有他們一套的法寶。大部分韓國組合的成員都經過嚴格挑選，再因應計畫、風格、專長而制定練習生的訓練內容，從而在出道前打好鞏固的基礎。Big Bang隊長G-Dragon也在出道前接受了長達6年的訓練，包括了聲樂、舞蹈、作曲、作詞等。

　　韓國組合普遍節奏感強，舞技精湛，就算是高難度的動作，成員的同步率還是很一致。在網路資訊流通的今日，透過短片分享的網站，音樂的流通性更廣。能歌善舞的韓國組合有一定的優勢，相較於抒情歌曲，快歌不需要了解每一句歌詞的意思，也能隨著音樂擺動，熱舞在視覺上也更容易抓住觀眾的眼光。所以Wonder girls在MV裡面復古獨特的舞步很快就傳播到世界各地，更引起不同國籍的歌迷爭相模仿，實在不難理解。

　　不少資深的韓國組合在亞洲各國取得不錯的成績，而後起之秀也愈來愈重視海外市場，紛紛在出道前後學習外語，Super Junior、少女時代成員各自會日文、中文、英文等不同的外語，以便發展海外市場。不知道你有沒有被他們迷住呢？

便宜好用的保養、化妝品

　　眼見每個韓劇演員、組合成員的皮膚白淨有光澤，毛孔幼細，臉上沒什麼瑕疵，總覺得他們用的保養、化妝品一定有什麼過人之處。事實上，每個韓國女生也很注重皮膚的保養，從小就會試用各式各樣的護膚品，勤力做好皮膚保濕滋潤的工作。就算是上了年紀的主婦也會繼續保養的功夫，看上去比實際年齡更年輕、更有活力。

　　韓國女生跟日本女生一樣，有每天化妝的習慣，但韓國女生普遍喜歡自然不造作的裸裝，日本流行的假眼睫毛，反而在韓國沒有人用。BB Cream是她們裸裝的好幫手，集防曬、隔離、遮瑕等多功能於一身。就連沒有化妝習慣的女生，也會有一支BB Cream在身旁，簡單地往臉上塗，就可以達到均勻膚色之效。BB cream龐大的銷售商機，更令國際品牌爭相推出BB Cream。

　　跟歐美品牌相比，韓國的護膚品更適合亞洲人士的膚質，化妝品的色系更能突出亞洲人臉上的輪廓。韓國熱賣的產品，亞洲人士大都覺得好用。雖然質量好，但價錢豐儉由人，貴價的有韓藥配方的護膚品，像雪花秀就是以高麗人蔘、靈芝、沙參、當歸等多種珍貴草藥配方起家，而大家在地鐵站最常見到的Missha，就是平價護膚品的佼佼者。

　　韓國公司很懂得「小財不出，大財不入」的道理，所以店鋪職員總是很慷慨地派發贈品，讓顧客覺得好用，下次再來，而可愛的產品包裝也為產品加分不少。如果想知道多一點韓國人推薦和熱賣的產品，要留意稍後的深度特寫啊！(P.102)

←韓國品牌常起用男藝人作代言人。圖片攝自Tony Moly廣告

←BB Cream包裝可愛精美，是韓國熱賣產品之一

←睡眠面膜是韓國熱賣產品之一

韓國風情與文化

韓の文

안녕하세요！(韓文「你好」的意思，音：Annyeonghaseyo)今天是韓文第一課。

雖然韓文起源於漢字，但從文字完全看不出漢字的影子，只看到由圓圈、線條和方形組成的符號，究竟是什麼原因呢？朝鮮時代初期，韓國一直沒有自己的文字，只是借用中國傳來的漢字，但漢字的筆畫繁多，一般老百姓不容易學習。為了讓老百姓也能認字，朝鮮第四代君主世宗創造了28個基本字母，屬於表音文字，只要記得字母的發音，就懂得念所有韓國字。

除字形之外，韓文跟中文真的很不一樣，韓文的男、女用字會有所不同，也有敬語、平語之分。如果想學幾句韓文在韓國走透透，也要注意這些分別，以最基本的「你好」作為例子，如果跟老人家打招呼，我們就要說안녕하세요(音：Annyeonghaseyo)，如果對方只是小孩子的話，說안녕(音：Annyeong)就可以了。韓國人認為長幼有序，很重視說話的尊卑態度，就算說話對象只比自己年長一歲，也要說敬語。

招牌上的韓文字

你好
敬語：안녕하세요 Annyeonghaseyo
平語：안녕 Annyeong

謝謝
敬語：감사합니다 Gamsahabnida
平語：고마워요 Gomawoyo

對不起
敬語：죄송합니다 Joesonghamnida
平語：미안해요 Mianhaeyo

再見
敬語：안녕 히계세요
Angnyeong Higyeseyo
平語：안녕 Annyeong

男
哥哥：
형 Hyeong
姐姐：
누나 Nunna

女
哥哥：
오빠 Oppa
姐姐：
언니 Eonni

首爾鐘路區
北村的韓屋

韓の屋

在首爾這個人口密度高的國際大都會，興建高樓大廈是發展所趨，但韓國也很重視傳統建築的保育，集中在新發展的江南區建新樓，盡量保留首爾北的傳統韓屋。所以我們還可以看到三清洞(P.62)、北村(P.64)一帶的韓屋，三清洞的韓屋大多改建成店鋪，而北村的韓屋現在還有人居住。他們都是以前上流階層遺留下來的瓦片屋，而平民階層的稻草屋已不多見。

無論是瓦片屋，還是稻草屋，韓屋的全部建材從大自然收集回來，有樹幹、泥土、石頭、稻草、瓦片等等。雖然不是什麼特別的材料，但大自然的力量真的很神奇，韓屋冬暖夏涼，非常適合居住。韓國的冬天寒冷，韓屋面積不大，在地板下生火，很快就能擴散到全屋，使屋內氣溫溫暖。地板是全屋最暖和的地方，所以韓國人習慣直接睡在地上或坐在地上，不太使用床和椅子。

韓國的夏天炎熱，韓屋的木地板縫隙能讓空氣流進屋內，客廳採用前後開放的設計，有助通風，另外，屋簷也可阻擋雨水與陽光直射。就算不用開空調，也能好好度過夏天，韓屋的細節充分表現了韓國人古時的小智慧。

↓攝於北村文化中心

韓屋房子下面有好幾層石塊

知 識 充 電 站

睡地上濕氣很重嗎

不少老人家認為睡在地上，濕氣很重，對身體不好，但韓屋底部有幾層石塊，不會直接接觸地面，以減少濕氣。

韓の紙

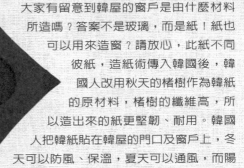

韓紙杯墊

大家有留意到韓屋的窗戶是由什麼材料所造嗎？答案不是玻璃，而是紙！紙也可以用來造窗？請放心，此紙不同彼紙，造紙術傳入韓國後，韓國人改用秋天的楮樹作為韓紙的原材料，楮樹的纖維高，所以造出來的紙更堅韌、耐用。韓國人把韓紙貼在韓屋的門口及窗戶上，冬天可以防風、保溫，夏天可以通風，而陽光透過韓紙射進屋內，也較為柔和。與西方平滑的紙相比，韓紙的紙質樸實粗糙，有自己的獨特性，現多用於工藝品、包裝紙，甚至服裝上。

韓の服

看歐洲宮廷的電影，皇后總是穿著露肩束腰的禮服，而在韓國剛好相反，皇后穿的是剪裁寬身的韓服，V字型的領口突顯頸部的線條美。韓服設計簡單，一件短上衣加上A字形的裙子，裙擺寬長，衣服上沒有口袋，短上衣和裙子之間有腰帶，區分胸部與腰部。韓服會按照季節、場合而用上不同的布料，普遍用色鮮豔，顏色的組合五花八門。不同

年齡、不同身分，顏色也會有所不同，譬如少女多穿著黃色上衣配大紅裙；新娘會穿青綠色上衣配大紅裙；已婚婦女就會加上紫色的帶子和藍色的袖口。

時至今日，韓國人只會在像結婚、新年等節慶或隆重盛大的活動上才會穿上韓服，但他們仍然注重每一個細節，會有韓服專用的內衣褲。景福宮(P.57)、德壽宮(P.97)也有免費的韓服體驗，讓旅客能夠在韓國宮殿前拍照留念。如果想帶件韓服回家收藏，可以到廣藏市場(P.69)逛逛，裡面有很多韓服老店，手工精細，價錢實惠。

色彩鮮豔的韓服

旅遊建議行程

　　你第一次去首爾嗎？你的假期有多少天呢？這兩個問題對於行程的規畫很重要，如果第一次去首爾而又只有3～5天的時間，就專心在首爾走透透吧，因為首爾已經太新鮮，可去、可吃、可玩的地方太多了。

　　如果只有5天時間，又想逛首爾又想去濟州，就太貪心了，首爾、濟州島兩地同遊，至少可以在濟州島待上3天2夜才考慮吧，否則到頭來累壞自己，又錯過了濟州的風光。

行程1
**首爾重點
5日遊**

Day 1
台北→N首爾塔/汗蒸幕/吃頓好的
Day 2
首爾鐘路區(景福宮→三清洞→北村韓屋村→仁寺洞)
Day 3
首爾大學區←→龍山區←→江南
Day 4
首爾中區(清溪川→明洞→南大門→南山→東大門)
Day 5
首爾中區首爾站(Lotte Mart買伴手禮)→台北

♥ 貼心提醒
　　建議第一天晚上盡量在住宿地方的附近吃頓好的或上汗蒸幕，如果時間充裕的話，可考慮晚上到N首爾塔，夜景很棒。

行程2 首爾濟州 7日遊

Day 1
台北→N首爾塔/汗蒸幕/吃頓好的

Day 2
首爾鐘路區(景福宮→三清洞→北村韓屋村→仁寺洞)

Day 3
首爾大學區←→龍山區←→江南

Day 4
首爾中區(清溪川→明洞→南大門→南山→東大門)

Day 5
首爾→濟州市

Day 6
濟州市→西歸浦市→濟州市

Day 7
濟州市→首爾→台北

↑攝於首爾市立美術館

💗 貼心提醒

比較推薦給假期比較長的朋友，如果對首爾非常熟悉而又對濟州很感興趣，更可以把濟州的天數增加。

行程3 首爾近郊5日漫遊

Day 1
台北→N首爾塔/汗蒸幕/吃頓好的

Day 2
首爾鐘路區(景福宮→三清洞→北村韓屋村→仁寺洞)

Day 3
*路線1：首爾→南怡島→春川→首爾
*路線2：首爾→利川→首爾
*路線3：首爾→安養→江南/龍山/大學區→首爾

Day 4
首爾中區(清溪川→明洞→南大門→南山→東大門)

Day 5
首爾中區首爾站(Lotte Mart買伴手禮)→台北

♥ 貼心提醒
比較推薦給曾去過首爾的朋友，如果對首爾非常熟悉
而又對近郊地方很感
興趣，更可以把近
郊的天數增加。

行程4
**濟州7日
單車環島遊**

Day 1
首爾→濟州市
附近景點: 漢拏樹木園

Day 2
濟州市→挾才海水浴場
*沿途景點：飛揚島、翰林公園
*長度：約40公里

Day 3
挾才海水浴場→山房山
*沿途景點：松岳山、馬羅島
*長度：約45公里

Day 4
山房山→表善海水浴場
*沿途景點：如美地植物園、泰迪熊博物館
*長度：約65公里

Day 5
表善海濱浴場→城山日出峰
*沿途景點：牛島、城山日出峰
*長度：約25公里

Day 6
城山日出峰→濟州市
*沿途景點：萬象窟、金寧迷路公園
*長度：約60公里

Day 7
濟州市→首爾

❤ 貼心提醒
濟州單車環島遊的天數，視騎單車的速度，有單車達人可以2～3天搞定，而7天是比較適合平常很少騎單車的朋友，每天也會有一點時間走走看看，不會因趕路而什麼都看不到。

Seoul
首爾
分區導覽

서울특별시

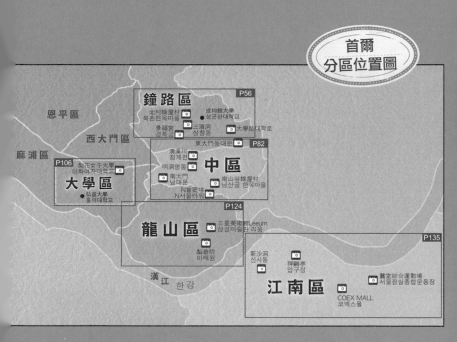

首爾
分區位置圖

恩平區

鐘路區　P56
北村韓屋村　북촌한옥마을
景福宮　경복궁
三清洞　삼청동
成均館大學　성균관대학교
大學路　대학로

西大門區

麻浦區

大學區　P106
梨花女子大學　이화여자대학교
弘益大學　홍익대학교

東大門동대문　P82

中區　P82
清溪川　청계천
明洞　명동
南大門　남대문
N首爾塔　N서울타워
南山谷韓屋村　남산골 한옥마을

龍山區　P124
三星美術館Leeum　삼성미술관 리움
梨泰院　이태원

漢江　한강

江南區　P135
新沙洞　신사동
狎鷗亭　압구정
蠶室綜合運動場　서울잠실종합운동장
COEX MALL　코엑스몰

城市印象	P.48
首爾新體驗	P.49
鐘路區	P.54
中區	P.80
大學區	P.104
龍山區	P.122
江南區	P.134
首爾住宿情報	P.166

首爾南北大不同,而每一區都有自己的性格,江北從朝鮮時代就被發展為中心,鐘路區仍保留大量韓屋、朝鮮時代的宮殿、古老的市場,在不破壞舊建築的前提下歡迎新思維,新舊包容;而中區則加入了比較多的現代商廈;大學林立的大學區年輕且敢於創新;龍山區多國文化並存。

過了一條漢江來到江南,完全是另一個模樣,因為後來才被納入首爾市,發展的起步比較晚,發展的藍圖跟很多國際都市有不少相像的地方,最新、最國際化的品牌都可以在這裡優先登場。如果希望出走首爾,看看郊外的風景,其實利川、南怡島、春川、安養等都是很好的選擇,一般來回車程約3小時,可即日來回,是很不錯的近郊旅遊地方。

 ### 首爾小檔案

人口:1,000萬,已占韓國全國人口20%

面積:600平方公里,只占韓國全國面積0.6%

人口密度:人口密度非常高,每平方公里有17,000人(世界人口密度最高的澳門,每平方公里有19,000人)

地理:位於韓國西北面,是韓國的首都

氣候:溫帶季風氣候,四季分明,夏季多雨

Seoul

個性、創意的設計之都

首爾繼義大利都靈後獲選為「2010世界設計之都」，其實首爾一直積極邀請國際級的建築師合作，三星美術館Leeum(P.126)就找來瑞士、法國、德國3地的著名建築師，即將要落成的東大門設計廣場與公園則由英國建築師Zaha Hadid操刀，目標是打造成首爾新地標。Zaha Hadid會把廣場與公園二合為一，不但是一個集設計、文化、電影、公演、軟體的空間，且要把東大門由亞洲的批發市場包裝成國際時裝中心，讓韓國時裝設計師有更大的發展空間。

除了一些國際性的合作計畫外，首爾近年有很多別具一格的建築落成，甚至濟州、安養的一般房屋也跟平常的現代大廈不一樣，原來首爾有法令規定，不能照模式的建樓房，鼓勵興建有個性的樓房，沒想到創意也是興建新樓房的重要考慮因素之一。發展和環境總是充滿矛盾，為了保護環境，首爾致

韓國傳統建築

力節能減碳。最近國際間興起一種垂直花園的建築設計,在首爾也引入了,並開始流行起來,垂直花園不但視覺上增加了植物的面積,且植物可阻隔太陽熱力,達到調節氣溫之效。

首爾硬體上的支援很充足,有很多展覽的場地,譬如說弘大的想像空間(P.113)、大學路Arko美術館等,而國際化的計畫也有助拓展設計師的視野。韓國的設計學校多達300間,每年就有3.5萬的設計學生畢業,源源不絕的新力軍加入。產品設計Innodesign的金瑛世常與Samsung、Laneige等大品牌合作,現已在美、韓、中、日4國設立辦公室,擅長從觀察獲取得靈感,而近年從英國崛起的時裝設計師Steve J & Yoni P回流韓國發展,玩味的印花和剪裁迅速得到大家的關注,連香港潮流服裝店也引入,並且獲得一致好評。

就算沒有念設計,首爾市民也可以從便利的美術館、公共設施接觸到設計,而且DIY風氣盛行,每個人也可以是自己生活上的設計師。

我是板凳,請坐!

美術館的牆

樓梯外形而透明度高的商場

二手物料改造的休
息空間

動手畫的杯

DIY活動

必買必嘗的首爾零食

對外國遊客來說，韓國的零食既新鮮又多選擇。在韓國上便利商店或超級市場絕對是件愉快的事情，韓國奶類製品的品質很不錯，外國遊客最喜歡喝的香蕉牛奶、咖啡牛奶，平常在便利商店就可以買到。若要大量購買的話，就一定要到大型的超級市場，價格會較優惠喔！而位於地鐵及火車首爾站門外的樂天商場Lotte Mart，面積很大，營業至凌晨12點，還提供包裝箱方便旅客帶回家，是不少遊客必買的伴手禮去處。

有些東西可以帶回家慢慢享受，有些東西則不，就像甜甜圈和冰淇淋。首爾也是甜甜圈和冰淇淋的世界，店鋪無所不在，我們在韓國最常見到的連鎖店恰巧都是美國品牌，譬如甜甜圈老大Dunkin Donuts、冰淇淋老大baskin BR robbins，它們在首爾的分店數目真的很多，而且味道齊全又好吃。

不過面對琳瑯滿目的貨品，而行李箱又有限的時候，真的挺傷腦筋，以下是3位韓國朋友精選的零食點心，有傳統的，也有營養豐富的，希望能為大家減少一點煩惱。

Lotte Mart(首爾站)

- ✉ 首爾市中區蓬萊洞2街122
- ☎ (02)3902500
- ⏰ 09:00～24:00
- http www.lottemart.com
- ➡ 地鐵1號或4號線至首爾站，從1號出口即到

韓國傳統糕點

韓國食物一般較清淡，這個糕點卻比較油，但很受韓國老人家的喜愛。

格子餅

本以為是西式零食，但韓國把烘焙的方法加以改良，青出於藍，獨立包裝，而不怕開封後變軟。

羊羹
（即紅豆糕）

羊羹的名字讓人以為與羊有關，其實是紅豆製的，是健康有益的零食。

韓國
傳統餅乾

薄而脆的餅乾，上面有紫菜。

紫菜

紫菜是韓國熱門伴手禮，這個紫菜碎用來拌飯吃，非常棒！

黑豆汁

黑豆有非常豐富的蛋白質，又能減低膽固醇，所以黑豆汁是韓國健康的飲料。

酸酸糖

感覺不太韓式的糖果，味道異常酸，很提神。

鐘路區
종로구
Jongro-gu

종로구
Jongro-g

概況導覽

鐘路是首爾市中心一條非常長的大街，西至景福宮，東至東大門區以西，長度大概是清溪川的一半。鐘路區一直以來也是王宮重要地區，韓國王室認為這裡背山面水，風水佳，景福宮、昌德宮、德壽宮、雲峴宮、昌慶宮5大古宮均坐落於鐘路區，連現在韓國的總統府青瓦台也坐落於此，可說是韓國政治的核心地方。住在王宮一帶的人大多非富則貴，仁寺洞、三清洞、北村一帶現在還保留了很多當時的韓屋。鐘路靠東還有廣藏市場、成均館大學，好像每樣東西都歷史悠久，在鐘路區各個洞之間遊走，絕對要花上至少一整天的時間。

我們現在看到得以保存下來的歷史建築，全賴韓國對歷史文化的保育功夫不遺餘力，要知道很多城市都面臨地少人多的問題，怎樣在發展與保育之間取得平衡，實在不是件易事。

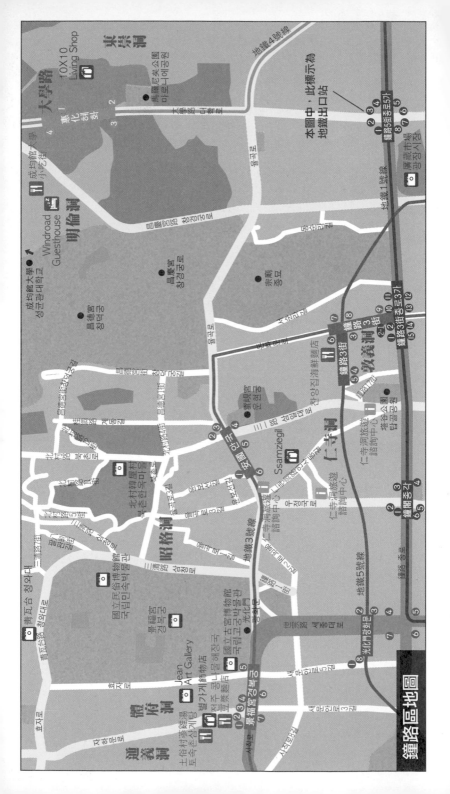

熱門景點

似北京故宮的古裝劇景點

景福宮
경복궁
Royal Palace

- ✉ 首爾市鐘路區社稷路9街22號
- ☎ (02)37003900
- 💲 成人3,000 won；7～18歲1,500 won；6歲以下、65歲以上者免費
- 🚫 週二
- 🕐 3～10月為09:00～18:00；11～2月為09:00～17:00
- http www.royalpalace.go.kr
- ➡ 地鐵3號線至景福宮站，5號出口步行5分鐘
- MAP P.56

景福宮是朝鮮王朝最大規模畫的宮殿，於1394年建成，不少韓國古裝劇在此取景，也是不少外國遊客必到的歷史一站。其實景福宮在韓國被日本統治期間受到很大的破壞，部分建築被拆毀，及後景福宮正門光化門，又因韓戰爆發而損毀，直至90年代韓國政府才大力著手重建景福宮，把各殿閣逐步修復原貌。不少人喜歡把首爾的景福宮和北京的故宮相比，兩者確實有不少相似的地方，只是景福宮面積比較小也比較簡樸，但遊景福宮的舒適感肯定比北京故宮高，不會太喧鬧，還有休憩的地方。

現在景福宮正門光化門面向現代化的高樓大廈，每天早上11點、下午1點及3點會舉行「護軍巡邏儀式」，重現古時的換崗儀式，穿著五顏六色軍服的守衛拿著大幅的旗幟走步操，顏色很豐富好看。景福宮內的殿閣大致可分為外殿和內殿，外殿就是處理國事的地方，譬如勤政殿和修政殿，而內殿有康寧殿和交泰殿，用作君主的起居之用。另外，景福宮內有國立古宮博物館及國立民俗博物館，讓大家可以對韓國歷史知多點。

展出韓國歷史與文化遺產

國立古宮博物館
국립고궁박물관
National Palace Museum of Korea

✉ 景福宮西南面
📞 (02)37017500
🕐 09:00～18:00；週末09:00～19:00
🚫 週一
💲 免費
🌐 www.gogung.go.kr
🗺 P.56

國立古宮博物館是位於景福宮裡的歷史博物館，展出朝鮮王朝及大韓帝國時期的歷史與文化遺產，大部分的展覽品介紹都很精簡，若希望加深對韓國歷史的認識，建議參加每天早上10點的中文講解，或以1,000 won租借語音導覽機。博物館共分3層，入口位於2樓，主要展出朝鮮王朝遺留下來的宮廷寶物、建築細節、科學儀器，1樓會有較近代的大韓帝國室，而地下1樓則是有關祭禮、祭器、樂器等文化展品。

百官參拜的平面圖

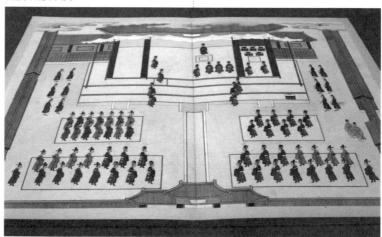

近代式御車

仰釜日晷，從晷針投影可得知時間和氣節

知 識 充 電 站

首爾吉祥物──獬豸

獬豸並不是真正的動物，而是古時的瑞獸，住在水邊。因為韓國在朝鮮王朝飽受水患困擾，宮廷認為獬豸有防洪水的作用，常把獬豸刻在石雕上。另外，獬豸代表正義與清廉，也能帶來好運，現已成為代表首爾市的吉祥物。

旅 行 小 抄

景福宮附近的現代感畫廊

三清洞有很多畫廊，原來在景福宮附近也不甘示弱。附近的民居之間有棟Jean Art Gallery，紅磚屋配上綠色門框和窗框，門外還有兩隻蝴蝶作招徠。這裡展出的作品包括受到大眾認知的日本著名藝術家草間彌生的波點南瓜，除Jean Art Gallery外，只能在日本直島和台灣屏東找到。她自小有幻覺，認為世界由「點」所組成，成為她作品裡極重要的元素，她擅長運用顏色強烈對比的波點於不同的地方，甚至裸體上。

對藝術愛好者來說，草間彌生固然吸引人，但Jean Art Gallery最可愛的地方是自由度，沒有太多職員，甚至我在兩個展覽館裡都看不到半個人，讓人可以更自由自在地觀賞作品，因為有些畫廊令人很有壓迫感，有些則不准拍照。

Jean Art Gallery

✉ 首爾市鐘路區通義路7-38號

📞 (02)7387570

🕐 10:00～18:00

💲 免費

http www.jeanart.net

➡ 地鐵3號線至景福宮站，從5號出口步行5分鐘

MAP P.56

May 20-June 16, 20

雖然Jean Art Gallery的面積算不上很大，但它也沒有為了數量而把東西排得密密麻麻，反而重質不重量。1樓展館展出現代感重的雕塑為主，也輔以少量抽象風格的畫作，而2樓剛好是以燈泡為題的藝術裝置展，每個燈泡裡都是一個華麗的童話故事，而牆上的花芯也是由燈泡組成。另外，這裡也定期舉辦不同的藝術展覽。

展現韓國生活的一面

國立民俗博物館

景福宮內

국립민속박물관

The National Folk Museum of Korea

✉ 景福宮東北面
📞 (02)37043114
🕐 09:00～18:00(11~2月09:00～17:00)
休 週二
💲 持景福宮入場券,可免費參觀
http www.nfm.go.kr
➡ 地鐵3號線至景福宮站,5號出口步行5分鐘
MAP P.56

與國立古宮博物館相比,國立民俗博物館更生活化,覆蓋的時期更長,展品不一定是什麼珍貴的歷史遺產,但呈現出史前時代到現代的生活模式,使人更具體了解韓國人住在什麼地方、怎樣耕作維生、怎樣穿著、有什麼消遣等等。其中第三展廳可以讓你經歷一次朝鮮王朝兩班的一生,從出生、成長,到讀書、結婚,甚至死亡。

知 識 充 電 站

何謂兩班

朝鮮王朝實行嚴格的階級制度,把大臣、人民分為4個階級,當中以兩班的階級最高,而兩班所指的是指貴族官員的家族。

韓國古代紙牌

←韓國古時房間擺設 　↓《千字文》書法

↓韓國古時村落貌

旅行小抄

參觀青瓦台的事前準備

青瓦台位於景福宮的北面,是韓國的總統府,性質跟台灣總統府相似。如果想參觀韓國總統居住、辦公的地方,必須在至少10天前把姓名、護照號碼、出生日期、聯絡資料、希望參觀日期和時段郵寄到tour@president.go.kr。收到確認電郵後,要在當天提前20分鐘到達景福宮東南面的停車場集合,因為會有安全檢查,所以記得帶同護照登記。另外,在車上會播放簡單的介紹片段。

青瓦台 청와대 Cheong Wa Dae

- ✉ 首爾市鐘路區世宗路1號
- ☏ (02)7305800
- ⏰ 10:00、11:00、14:00、15:00
- 休 週一、週末、國定假日
- $ 免費
- http www.president.go.kr
- ➡ 地鐵3號線至景福宮站,從5號出口步行10分鐘
- MAP P.56

三清洞
삼청동
Samcheongdong

三清洞
➡ 地鐵3線至安國站，從1號出口步行10分鐘

三清洞旅遊諮詢中心
☎ (02)7310851
🕙 10:00～18:00
➡ 地鐵3線至安國站，從1號出口步行10分鐘
🗺 P.63

　　三清洞位於景福宮和仁寺洞之間，仁寺洞不多不少因爲旅客而增添了幾分的商業味道，而三清洞卻沒有太受影響。或許是因爲三清洞與地鐵站之間始終有段路程，這裡的遊人還是以韓國本地人爲主。三清洞一帶保留了很多傳統的韓屋，但這裡並沒有古老的感覺，因爲三清洞的魅力早已吸引不少年輕人進駐開店，主要是悠閒的咖啡店和獨特的服裝小店，有不少更是由韓屋改建成，爲三清洞注入現代感和活力，名副其實是新與舊交融的小區。

　　除了年輕人外，不少韓國藝術家也喜歡三清洞的氛圍，加上租金也比鄰近地鐵站的仁寺洞還便宜，不少畫廊在此開業，喜歡藝術的朋友不要錯過。另外，三清洞還有些小博物館，大多是私人性質，希望把自己的收藏品與大眾分享，譬如飾品博物館、西藏博物館等等，令三清洞變得更豐富。

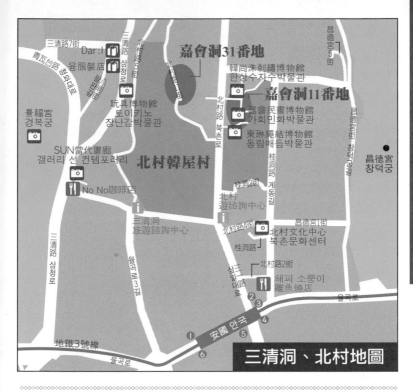

三清路7街
Dar:I
삼청로
玩具博物館
토이키노
장난감박물관
景福宮
경복궁
SUN當代畫廊
갤러리 선 컨템포러리

青瓦台路 청와대로

嘉會洞31番地

韓尚洙刺繡博物館
한상수자수박물관

嘉會洞11番地

嘉會民盡博物館
가회민화박물관

東琳繩結博物館
동림매듭박물관

北村路
북촌로

北村韓屋村

桂洞路
계동길

昌德宮5街

昌德宮街 창덕궁길

昌德宮
창덕궁

No No咖啡店

三清洞
旅遊諮詢中心

三清路
삼청로

栗谷路3街

北村
遊諮詢中心

桂洞2街

北村路4街

桂洞路

北村文化中心
북촌문화센터

昌德宮1街

三一大路 삼일대로

北村路2街

해피 소뽕이
雕魚燒店

2
3
4
5

栗谷路

地鐵3號線

安國 안국

1

栗谷路

6

三清洞、北村地圖

免費參觀的畫廊

SUN當代畫廊
갤러리 선 컨템포러리
Gallery Sun Contemporary

✉ 首爾市鐘路區昭格洞66
☎ (02)7205789
🕐 10:00～18:30；週日11:00～18:00
休 週一
💲 免費
http www.suncontemporary.com
➡ 地鐵3線至安國站，從1號出口步行10分鐘
MAP P.63

　　三清洞的畫廊多得數不清，我絕對有理由相信畫廊的數目跟咖啡店差不多，大都免費開放，而且這裡常舉辦大大小小的展覽，大家只要看到「gallery」一字，其實就可以走進去看個究竟，在三清洞之間的畫廊多走走，可以看到風格南轅北轍的作品。畫廊的展品不一定限於畫作，SUN當代畫廊就定期展出立體的藝術裝置或模型，剛好這次就展出了Mo Jun Seok有關空間的展覽，他的立體作品簡潔地呈現出城市面貌。

韓國最大的玩具博物館

三清洞內

玩具博物館
토이키노 장난감박물관
Toykino Museum

- ✉ 首爾市鐘路區三清洞35-116
- 📞 (02)7232690
- 🕐 13:00〜19:30
- 休 週一
- 💲 成人5,000 won、5〜17歲3,000 won
- http wonwww.toykino.com
- ➡ 地鐵3線至安國站,從1號出口步行10分鐘
- MAP P.63

模型外,也有大型模型、電影宣傳版。而入口處跟人同高的樂高積木模型也是一大亮點。

玩具博物館館長喜愛收集世界各地的玩具,種類廣泛,有小朋友喜歡的迪士尼、芝麻街、史努比;連大朋友喜歡的蜘蛛人、蝙蝠俠、辛普森家庭、超人都有;電影角色的模型占比也不少,譬如《史瑞克》與《聖誕夜驚魂》等。除了館長一直以來收藏的小

北村韓屋村
북촌한옥마을
Bukchon Hanok Village

　　嚴格來說，三清洞也屬於北村的一部分，都是韓屋的集中地，不過接下來會集中介紹嘉會洞、桂洞一帶。雖然相距很近，但是這的光景又跟三清洞很不一樣，這邊也有畫廊、小店、咖啡店，但比三清洞稀疏得多，比較重生活感。桂洞有北村文化中心、學校、老店，而嘉會洞是首爾韓屋保存得最完整的地區，嘉會洞11番地有不少小型的傳統博物館，譬如，東琳繩結博物館、嘉會博物館、韓尚洙刺繡博物館等，至於嘉會洞31番地的是公認的北村美景之一，地理位置稍高，可以從高處遠眺，遠處的高樓大廈和身處的韓屋群是有趣的對照。

北村韓屋村

➡️ 地鐵3線至安國站，3號出口步行5～15分鐘

北村旅遊諮詢中心

✉️ 位於安國站1號出口正讀圖書館前。(有提供英、日語翻譯服務，並以介紹北村韓屋村與三清洞的旅遊景點為主)

📞 (02)7317312
🕙 10:00～18:00
🗺 P.63

知 識 充 電 站

北村韓屋的歷史

因為北村有山有水、冬暖夏涼，從朝鮮時代開始，北村就是不少達官貴人的聚居地，直至日本殖民期間，不少韓國人擁到首都，住屋問題嚴重，加快了區內的韓屋興建，特別是嘉會洞11番地、31番地，還加入了玻璃和瓷磚等新材料。

旅 行 小 抄

租單車遊北村

在北村散步是一件愉快的事情，不過完整地走一遍需約2小時，所以北村旅遊諮詢中心也為大家體力著想，提供另一個選擇給大家，就是以1,000 won極優惠的價錢租借單車3小時。

《冬季戀歌》的拍攝地

北村文化中心
북촌문화센터
Bukchon Traditional Culture Center

✉ 首爾市鐘路區桂洞105
☎ (02)37078388
🕐 09:00～18:00
💲 免費
http bukchon.seoul.go.kr
➡ 地鐵3線至安國站，從3號出口步行5分鐘
MAP P.63

北村文化中心原本是個韓屋住宅，現在成了讓外國遊客認識北村的一個小起點，在這裡可以拿到非常詳細的北村地圖手冊，也可從中文影帶中大概了解韓屋的構造和北村發展，使你接下來的行程更順暢，也更懂得欣賞北村韓屋的特色細節。另外這裡還有各種體驗工作坊和工藝品商店，大多由附近的工匠或居民人手製作，款式簡潔而充滿美感。順帶一提，附近的高中是電視劇《冬季戀歌》的拍攝地，粉絲可以順道一遊主角們成長的地方。

不需剪刀的韓國結

東琳繩結博物館
동림매듭박물관
Dong-Lim Knot Workshop

✉ 首爾市鐘路區嘉會洞11-7
☎ (02)36732778
🕐 10:00～18:00
休 週一
💲 成人2,000 won、兒童1,000 won
http www.shimyoungmi.com
➡ 地鐵3線至安國站，從3號出口步行10分鐘
MAP P.63

東琳繩結博物館的面積不大，房間掛滿了以繩結做的腰帶、香囊、掛飾，感覺比較家庭式，老師則坐房間的一角密密織。韓國繩結在古代是一種身分的象徵，最大的特點是不需要用剪刀，就能編織出各式各樣的作品，至於如何弄出來，或許大家就要上堂課才知道囉。這裡的繩結體驗課程，約5,000～10,000 won，需時半小時～1小時。

民間信仰的藝術昇華

北村內

嘉會民畫博物館
가회민화박물관
Gahoe Museum

✉ 首爾市鐘路區嘉會洞11-103
📞 (02)7410466
🕐 10:00～18:00
休 週一
💲 成人3,000 won、學生2,000 won
http www.gahoemuseum.org
➡ 地鐵3線至安國站，從3號出口步行10分鐘
MAP P.63

嘉會民畫博物館比東琳繩結博物館大一點，房間放了很多民間流傳下來的畫作，有掛畫、山水畫、神像畫等，當中有不少以動物作主題，原來他們各有意義，雞象徵幸運，龍、虎則有辟邪作用，可以防天災，而鯉躍龍門也有升官發財的意思。除畫作外，也有一些辟邪的飾品、印章、符咒展出。在博物館的庭園，可以嘗試印章、扇子、繪畫等多種傳統藝術體驗，每項3,000 won起。

精緻細膩的刺繡工藝

北村內

韓尚洙刺繡博物館
한상수자수박물관
Hansangsoo Embroidery Museum

✉ 首爾市鐘路區嘉會洞11-32
📞 (02)7441545
🕐 10:00～17:00
休 週一
💲 成人3,000 won、學生2,000 won
http www.hansangsoo.com
➡ 地鐵3線至安國站，從3號出口步行10分鐘
MAP P.63

韓尚洙女士被韓國列入重要無形文化財產的刺繡工匠，除了韓尚洙女士的作品外，博物館內也展出17世紀和朝鮮時代的刺繡作品，全都非常精緻，有的繡在韓服上、有的繡在抽屜外、有的繡在一大幅布上等等。看得出刺繡作品的用家是當時的達官貴人。當你看完一針一線的教學錄影片後，你會更欣賞韓尚洙女士接近70歲高齡仍投入刺繡的工藝，也積極推廣刺繡這門傳統藝術。

仁寺洞

🌐 www.insainfo.or.kr

➡️ 地鐵3線至安國站，從6號出口即到

仁寺洞旅遊諮詢中心

✉️ 首爾市鐘路區寬勳洞155-20

📞 (02)7430222

🕐 10:00～22:00

🗺️ P.56

　　仁寺洞曾是達官貴人聚居的地方，日本殖民時期，所有韓國人的生活都艱難，不少人要把自己的收藏拿出來賣，漸漸形成古董買賣的集中地，現在韓國四成的古董店也集中在這裡，以高價位的古董為主，也有小量的古董地攤。仁寺洞也有不少的畫廊、茶舍、韓服店、陶瓷店、傳統食物的餐廳等，對遊客來說，可逛店很多，而韓國觀光公社也成功地把它打造成旅遊的熱門區，共有一大兩小的旅遊諮詢中心，提供大量的旅遊支援。

　　大街的店鋪比較大路，賣很多遊客感興趣的東西，小巷會更加有意思，有些古老一點的茶舍、餐廳，旅館什麼的，來到仁寺洞最好是慢無目的地在小巷亂轉，你會發現不少美好風光。

旅 行 小 抄

練習揮球的棒球場

和台灣一樣，棒球是韓國的熱門運動之一，也是亞洲棒球強國之一。在首爾有不少遊戲機中心形式的棒球場，仁寺洞大路就有一間，而且只要一經過，你一定會發現，因為響亮的擊球「碰碰」聲此起彼落，大家也不妨順道大顯身手！

百年古老市場

廣藏市場
광장시장
Kwang Jang Market

- 首爾市鐘路區禮智洞6-1
- (02)22670291
- 07:00～19:00
- www.kwangjangmarket.co.kr
- 地鐵1號線至鐘路5街站，從8號出口步行5分鐘
- P.56

廣藏市場是首爾裡最古老的市場，於1904年開業，跟東大門的年紀差不多，已經有100歲了！亞洲旅客一定會知道東大門和南大門，但或許對廣藏市場還沒有太多認識，因為這裡的消費群仍以本地韓國人為主，知名度比旅遊熱門點低，但若想深入認識一個地方，不是要從地道的市場開始嗎？廣藏市場會是個好地方，大家可以把它想像為大型的街市，什麼都賣。下午韓國主婦們會來這裡買菜，蔬菜、水產、乾魚、醬料都可以在這裡買到，而晚上則有不少韓國人會來這裡的小吃攤吃飯。

因為賣的東西廣，所以大致會有分類，從東門走到南門，首先會看到看不到盡頭的小吃攤，之後是賣布、棉被的地方，再來是賣菜、賣魚的濕貨攤，最後是賣家具、韓服等乾貨攤，而2樓則專售綢緞和寢具用品。另外，廣藏市場的傳統結婚物品齊全，像是棉被、結婚禮物、韓服、綢緞等一應俱全，所以準備婚禮的新人一定會到廣藏市場。

大學路
대학로
Daehangno

大學路

➡ 地鐵4號線至惠化站

MAP P.56

對外國遊客來說，大學路的知名度或許比不上另一大學區的弘大和梨花，但大學路附近雲集的大學不少，包括成均館大學、韓國放送通信大學、天主教大學和首爾大醫科大學。這一帶也跟弘大一樣充滿藝術氛圍，但不同的是弘大那邊潮流感比較重，比較熱鬧，這邊比較簡約內歛，有很多大大小小的劇場，不時有學生在街上售賣話劇門票，不過可惜的是絕大部分話劇以韓文進行。

弘大那邊的弘益兒童公園週末辦市場，而在大學路也有個馬羅尼矣公園，也常有不同團體在這裡舉辦不同的活動，譬如設計學校的招生表演和小工作坊、跆拳道表演等，週末會特別熱鬧，在街頭常看到各類的自由表演。另外，公園裡還有個Arko美術館，以平價的租金讓有實力的年輕藝術家展出作品，人們也可以便宜的門票價錢入內欣賞支持。

大學路的晚上會有很多占卜攤位，他們的生意都非常好，原來韓國情侶在交往初期會去占卜，看看兩人是否合得來，如果彼此合不來，他們大多分手，因為就算他們想結婚，他們的父母大多不會准許。

成均館大學小吃街

成均館大學是一所歷史悠久的學校,從朝鮮王朝1398年成立至今,經歷了大韓帝國、日本統治時期,足足有600年的歷史。從前不少王室弟子都會在成均館學習,韓劇《成均館緋聞》就是以此為背景展開故事。不過我並非要介紹大學有什麼多古色古香,或是這套劇集有多精彩,而是校園外一條小吃街。有學生的地方就有小吃,而且不少是響噹噹的小店,2,500 won炒年糕、700 won魚丸串、1,000 won串燒等等,好吃、又比旅遊區便宜一大截,而且營業至深夜,是個可以瘋狂吃夜宵的好地方。

➡ 地鐵4號線至惠化站,從4號出口步行10分鐘
🗺 P.56

◇◇◇◇◇◇◇◇◇◇◇◇◇◇

나누미떡볶이 炒年糕店 大學路內
Nanumi Toppokki

✉ 首爾市鐘路區明倫洞2街225
☎ (02)7470881
🕐 24小時

壽司天堂 김밥천국 大學路內
Kimbab Cheongug

✉ 首爾市鐘路區明倫洞2街221
☎ (02)7472332
🌐 www.kimbabcheongug.co.kr

꼬지와친구들 串燒店
Ccozi & Friends 大學路內

✉ 首爾市鐘路區明倫洞4街47
☎ (02)7479292
🌐 www.ccozi.co.kr

購物名店

住宅裡的可愛飾物店

별가게
Byeolgage

- ✉ 首爾市鐘路區體府洞42
- ☎ (02)7232011
- 🕐 10:00～21:00
- ➡ 地鐵3號線至景福宮站，從5號出口步行5分鐘
- MAP P.56

景福宮西面是低層的住宅區，商店以餐館、便利商店、連鎖餐廳為主，賣的東西都是一些日常需要的，想不到這裡會有像별가게這樣精美的飾物店。店外擺放了2個木製的飾物櫃，不過這裡的手鏈、耳環、項鍊並不是最吸引視線，最令人雀躍的是蝴蝶結頭飾和小領巾。除了基本的波點和格子外，也有星型和小動物圖案的，全都是店主自己製作，只售5,000 won。簡單的上衣配上不同的小領巾，可以營造出不同的感覺，蝴蝶結頭飾可以增加整體的可愛度，店主就是最好的示範。

自然氣息的服裝店

융
Yung

- ✉ 首爾市鐘路區八判洞27
- ☎ (02)7238700
- 🕐 11:00～20:30
- ➡ 地鐵3線至安國站，從1號出口步行10分鐘
- MAP P.63

융店前是一棵粗壯的大樹，有些衣服更索性掛在樹上，感覺服裝店跟大樹融為一體。小店主要分為室外和室內，室外陳列的衣服款式比較少女，顏色有朝氣，碎花或條子連衣裙，配上皮帶，或繫個蝴蝶結腰帶，充滿濃濃的韓國風味，款式數量算多，價錢也不算貴，由30,000 won起，整體的感覺隨意，在陽光下逛街讓人高興。而室內的衣服款式比較成熟，以深沉和大地顏色為主。융在小巷裡還有一家咖啡店，逛累了可以去歇一會，補充一下能量。

Jongro-gu

手製的合身服裝

Dar:l

三清洞內

✉ 首爾市鐘路區三清洞88-23
📞 (02)7204534
🕐 11:30～22:00
http www.darl.co.kr
➡ 地鐵3線至安國站，從1號出口步行10分鐘
MAP P.63

剛剛介紹了一家大眾化的小店，現在則介紹以手製貨品為主的Dar:l，店外掛滿小燈泡，晚上會是一間浪漫小店。Dar:l有不少設計相當獨特的服飾品，且看得出材料花過不少心思，有些布料和圖紋很罕見，有的雙面設計、有的有多種穿法，每一件也有自己的個性。Dar:l也會為客人修改衣服，使大家能穿得更合身好看，不過因為人工縫製，價錢不能與大量生產的成衣相比，不規則的上衣或半截裙約90,000 won，另有款式極多的復古連身裙。

帥氣的雜貨部屋

10X10 Living Shop
텐바이텐

大學路內

✉ 首爾市鐘路區東崇洞1-45
📞 (02)7419010
🕐 11:30～22:30
http www.10X10.co.kr
➡ 地鐵4線至惠化站，從1號出口步行5分鐘
MAP P.56

10X10和Kosney、Artbox都是韓國連鎖式的雜貨部屋，貨品種類很廣。雖然它們有相似的地方，但事實又完全是三回事，Kosney比較女性化，Artbox比較大眾，而10X10就比較中性帥氣的。

大學路的10X10 Living Shop占地2層，更是讓人興奮莫名，1樓是文具配飾部，有手表、包包、頭飾、太陽眼鏡等出售，甚至內設一家小花店，2樓則是家具用品店，但也可以找到小孩用品、旅行用品等。除了韓國本地的品牌外，10X10也引進國際知名品牌，整體的貨品組合豐富。10X10已是韓國年輕人心目中最紅的品牌之一。

傳統中的現代化商場

Ssamziegil
쌈지길

仁寺洞內

✉ 首爾市鐘路區寬勳洞38
📞 (02)7360888
🕐 11:00～21:00
➡ 地鐵3線至安國站，從6號出口步行5分鐘
MAP P.56

　　以買賣古董、傳統物品爲主的仁寺洞，有一座現代化的商場Ssamziegil，從它開業之後就吸引更多遊人來到仁寺洞。以商場的建築設計而言，Ssamziegil就跟平常大型商場很不一樣，這裡樓高4層，但並沒有樓梯，只要通過迴旋形的平緩的步行道就可以到達頂層。這裡也沒有眼熟的連鎖店，全都是些新鮮的小店，且大多自行設計，還有不少小玩意販賣。另外，假日不時有些自己動手做的體驗活動。

　　位於3樓的SAVE EARTH MARKET是其中一家特色小店，他們的設計師團隊共6人，主要利用70、80年代的衣服，再以人手製作成不同的衣服和飾物。

74

美食餐飲

美味的宮廷料理
土俗村蔘雞湯
토속촌삼계탕

- ✉ 首爾市鐘路區體府洞85-1
- ☏ (02)7377444
- ◷ 10:00～22:00
- 💲 13,000～20,000 won
- ➡ 地鐵3號線至景福宮站，從5號出口步行5分鐘
- MAP P.56

土俗村是一家專營人蔘雞湯的餐廳，位於景福宮附近的一條小巷裡。這間餐廳的人蔘雞湯很著名，連前韓國總統也是其粉絲，很多本地人及日本遊客都慕名而來，餐牌也設英、韓2種語言。不論季節，大都需要排隊，如果不想花太多時間排隊，建議在非繁忙時間來吃。餐廳原為韓屋，客人需脫去鞋子席地而坐。人蔘雞湯大都配人蔘酒和各泡菜，不擅喝酒的人可把人蔘酒加進湯裡。

吃飯時間定必大排長龍

知識充電站

滋補養生的人蔘雞湯

人蔘雞湯是韓國過去的宮廷料理，現成為大眾化的養生料理。人蔘雞用上等童子雞，釀入人蔘、黃耆、紅棗、糯米等有益材料，調味後於高湯內熬煮而成，營養豐富，一年四季也適合進食。夏日炎炎，水分流失得很快，喝人蔘雞湯有助恢復體力，冬天則有助進補，保持身體溫暖。用筷子將雞肉撕開，雞肚內的材料可跟雞湯混合起來吃。

// 香Q嚼勁的海鮮麵

찬양집

Chanyang House

仁寺洞內

- ✉ 首爾市鐘路區教義洞27
- 📞 (02)7431384
- 🕐 10:00～20:30
- 休 週日
- 💲 4,500 won
- http www.chanyanghouse.com
- ➡ 地鐵5號線至鐘路3街站，3號出口步行5分鐘
- MAP P.56

這家麵店只專注於海鮮味的手工麵條，所以這裡沒有餐牌，也沒有落單的煩惱，看客人多少，服務員就會奉上多少碗海鮮麵、還有泡菜。海鮮麵有多款貝殼，上面灑上紫菜絲、蔥花。或許沒有用上什麼珍貴的材料，看上去不會讓人大吃一驚，但還原基本步用手打造出來的麵條(韓國人是會自己在家做麵條的民族)，咬上去就是有自己獨一無二的韌度和質感。用料十足，湯頭非常濃郁，所以湯底也不能放過喔！麵條更可無限加，每碗只售4,500 won！韓國人喜歡在雨天吃麵條，大家也不妨入境隨俗。

旅行小抄

我不想排隊

土俗村蔘雞湯用餐時間的人龍真的不是說笑，排隊動輒半小時以上，如果參觀景福宮想吃點簡便的，景福宮也有很多小餐館。其中，전주 콩나물해장국深受區內居民喜愛，最受歡迎的是豆製類食物，譬如豆漿麵，其實豆漿麵是以豆漿作湯底的涼麵，韓國人很喜歡在夏天吃。

전주 콩나물해장국

- 💲 3,000～5,000 won
- MAP P.56

景福宮內

香味四溢的烤肉攤

在海鮮麵店附近的這條小巷的盡頭還有很多烤肉店，附近地鐵站晚上的小吃攤也很熱鬧，是個離仁寺洞不遠的覓食好地方。

道地小吃皆在此
廣藏市場
광장시장
Kwang Jang Market

馬格利酒

- 首爾市鐘路區禮智洞6-1
- (02)22670291
- 09:00～凌晨(各店不一)
- 4,000～8,000 won
- www.kwangjangmarket.co.kr
- 地鐵1號線至鐘路5街站，8號出口步行5分鐘
- MAP P.56

除了買的之外，廣藏市場吃的也很多，而且鄰近清溪川，和東大門只相距約10分鐘路程，但跟東大門的小吃攤相比，廣藏市場的價格更實惠。這裡的傳統小吃多不勝數，集中在東門一帶，隨便轉一圈，就看到豬腳、豬耳和韓式壽司、韓式粉絲、炒米腸以及炒年糕等韓國代表食物。當中以綠豆煎餅(빈대떡)的人氣最高，是一種綠豆粉和肉混合做成的煎餅，也是樣非常好的佐酒小吃，4,000～5,000won就可以買到一大塊，足夠兩個人吃。另外生拌牛肉(육회)也是其他地方較少見的食物之一，把鮮牛肉切成絲後混入調味料，加上蛋黃和灑上芝麻，法國也有類似的菜式。在小吃攤的氛圍，真的讓人很想喝酒，馬格利酒當然是首選。市場還有生魚片、麵食、拌飯、粥等。

百變滋味的雕魚燒
해피 소뽕이
Happy Sopong

北村內

- 首爾市鐘路區桂洞146-1
- (02)7657769
- 10:00～20:30
- 2,000～3,500 won
- www.happysopong.com
- 地鐵3線至安國站，從3號出口步行5分鐘
- MAP P.63

Happy Sopong是韓國雕魚燒連鎖店，以特許經營的形式發展，開店速度很快，想不到在以民居為主的北村也有分店，讓遊人走累了可吃點東西抖擻精神。味道

有常見的馬鈴薯、鮪魚、藍莓、紅豆、南瓜等，也有以千奇百怪材料做的雕魚燒，比如，比薩口味、烤肉、餃子，也可加入冰淇淋。所有的雕魚燒即叫即製，在寒冷的多天吃上一份熱騰騰的雕魚燒，更是人生一樂啊！

咖啡店的好時光

韓國人喜歡咖啡，在超市和便利商店可以找到多種咖啡飲料，咖啡自動販賣機也是隨處可見，其中最受大眾歡迎的是包裝成三角型的牛奶咖啡。韓國的咖啡店也多得有點離奇，原來十多年前美國的星巴克把咖啡店引入韓國，韓國人很快就接受喝咖啡的文化，連鎖店因而愈開愈多，大家比較常見到的就有Caffe bene、Caffe Pascucci、A Twosome Place等等。2007年一部圍繞在咖啡店發生的愛情劇集《咖啡王子1號店》收視節節上升；2010年韓國獨立組合10 cm也因一首關於咖啡的歌曲《Americano》而成名，可想而知，咖啡在韓國的魔力真的不容忽視！

自在悠閒的小咖啡店

比起連鎖咖啡店，小咖啡店著實更得我心，店主大多很用心設計，每一間都有自己的風格，有的簡約、有的神祕、有的浪漫、有的家庭式、有的輔以主題、有的充滿色彩……不過他們也有共同點，就是不約而同地用上綠色的植物作點綴。每一間小咖啡店都給人不一樣的感覺，比連鎖式的有驚喜。這類小咖啡店以鐘路區最多，從景福宮、三清洞，再到大學路，總有一間在旁，因為咖啡店已是年輕人聚會的熱點之一。大家在韓國旅遊時也不妨多上咖啡店，作為旅途的休息站。

景福宮內

自然簡約的咖啡店

三清洞內

彩色樓梯的樓上咖啡店

三清洞內

溫暖的露天咖啡店

大學路

色彩豐富的韓屋咖啡店

三清洞內

以野生動物為主題的咖啡店

三清洞內

藍屋咖啡店

傳統韓屋改造的咖啡館

NONO
노노

三清洞內

📮 首爾市鐘路區昭格洞73
📞 (02)7335062
🕐 10:30～22:00
💲 4,000～13,000 won
➡️ 地鐵3線至安國站，從1號出口步行10分鐘
MAP P.63

NONO原址是一間售賣韓服的韓屋，現在大致保留韓屋原形，改建成咖啡店。三清洞有不少這類從韓屋活化的小店，傳統的小店因時代變遷而興旺不再，但每座建築都充滿歷史的痕跡，拆掉太可惜，索性改成其他用途，一舉兩得。NONO有室外和室內的座位，感覺都很舒服，除了咖啡和茶外，這裡的蜜糖吐司也很出名。

中區

중구
Jung-gu

중구

概況導覽

鐘路區是王宮重地，而中區是古今首爾的核心，與北面的鐘路區連結，它們之間有一條長長的清溪川，以前是居民的聚住地，今日是商廈林立的旺區，是非常繁忙的一帶。中區現在也有些舊建築，但不及鐘路區多，整體的感覺比較現代化，明洞可說是其中最具代表性的商業區，有大型的百貨公司、商場、高級酒店、商廈；而集批發、零售於一身的東大門每年都有新商場的落成，中區這裡時刻都在變化。

當然中區不止有明洞和東大門，面積還大得很，南大門也是有名的購物區，但以舊商廈為主，有很多傳統吃的、買的。中區還有憩靜的南山公園、山頂的首爾塔可盡覽首爾夜景、山腳有從近郊搬來的韓屋村，而德壽宮附近的首爾市立美術館也能讓人放鬆神經，欣賞各式各樣的藝術品。

清溪川

一條曾被高速公路覆蓋，而後來又被復原成功的河流。

地鐵3號線

安

景福宮 경복궁

栗谷路 율곡로

地鐵5號線

光化門 광화문 P88

鐘路 종로 地鐵1號線

鐘閣 종각

清溪川旅遊諮詢中心

清溪川旅遊諮詢中心

清溪川旅遊諮詢中心

清溪川 청계천

Seoul Backpacker Myeongdong

貞洞

德壽宮 덕수궁

市廳 시청

地鐵2號線

乙支路入口 을지로입구

乙支

首爾市立美術館 서울시립미술관

市廳 시청

明洞 명동

西小門路 서소문로

世宗路 세종대로

小公路 소공로

退溪路 퇴계로

明洞

南大門路 남대문로

칠패로

南大門 남대문

鐘鑫 회현

小公路 소공로

首爾站 서울역

P85

往N N서

82

南大門

大眾化的市場，童裝、雜貨、土產、玩具都可以找到。

東大門

歷史悠久的批發
零售集中地,有
多棟新穎的購物
商場。

中區地圖

安國 안국
②③
④
⑤

三一路 삼일대로

惠化
②

鐘路3街 종로3가
⑥
⑤ ④ ③
鐘
路
②
街
⑦
⑧
⑨

鐘路3街 종로3가
①②街
⑩⑪
⑮⑭③ ④⑬⑫

鐘路5街 종로5가
①②③
④⑤
⑦⑧⑥⑥
⑩

東大門 동대문
①
⑥
⑧
⑦

廣藏市場
광장서장 📷

東大門
동대문

清溪川
旅遊諮詢中心
계천
⑪
⑫

乙支路
③ ④⑤
⑥
②

乙支路3街 을지로3가
①②
⑪
⑩
⑦
③
街
⑨
⑧

乙支路 을지로

을지로
③④⑤
①②
④街
⑩⑦⑦
⑨

昌慶宮路 창경궁로

東大門歷史文化公園
⑬⑭①
⑫⑪⑩⑨

東大門歷史文化公園

明洞街 명동길

三一路 삼일대로

忠武路 충무로

P85

東大門歷史文化公園

동호로

退溪路 퇴계로

獎忠壇路 장충단로

明洞 명동
⑧
②
⑨⑩
①

地鐵4號線

忠武路 충무로
④③②
⑦⑧
①

P84

筆洞

南山谷韓屋村
남산골 한옥마을 📷

東大入口 동대입구
①②③
④
⑥⑤

往N首爾塔
N서울타워方向

明洞

首爾具代表性
的購物地方之
一,店鋪密集
而陳列漂亮。

83

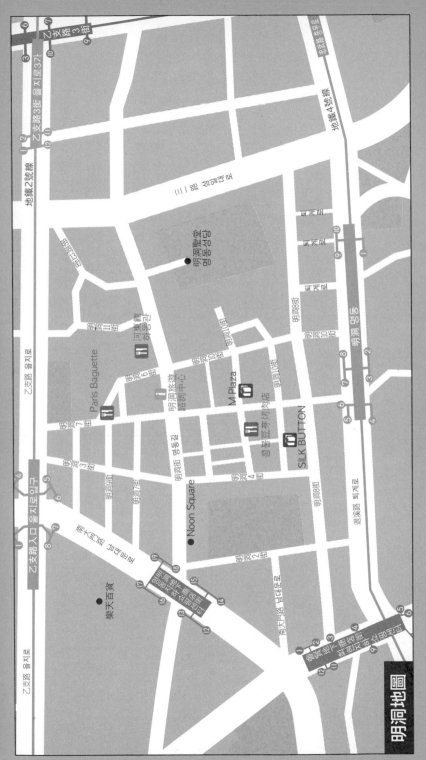

明洞地圖

84

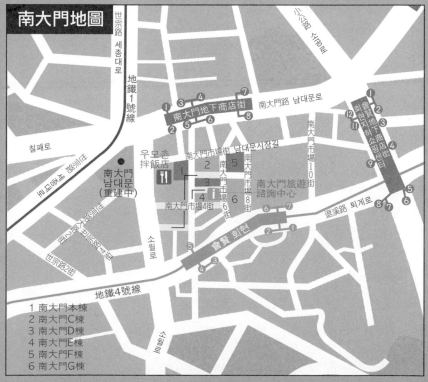

熱門景點

曾被填平的溪流

清溪川
청계천
Cheong Gye Cheon

http cheonggye.seoul.go.kr
MAP P.82、P.88

清溪川旅遊諮詢中心

📞 (02)1330
🕐 09:00～20:00
MAP P.82

　　清溪川是一條曾被覆蓋，用以興建高速公路的河流，但後來被復原成功，成為很多國家城市規畫、建築或設計的案例。很多國家對清溪川的復原工程感到嘖嘖稱奇，有的更為了清溪川遠道來參觀。一般人或許不太理解清溪川的獨特之處，其實從朝鮮時代起，清溪川一帶已是居民聚居的地方，大家都在這裡過日子，清溪川跟居民息息相關，重要性等同印度人心中的恆河。為了把清溪川推廣給更多遊客認識，這裡設有一大三小的旅遊諮詢中心。

　　清溪川其實是北村和南村的分界線(北村即是現在的鐘路以北一帶；南村則是乙支路以南一帶)，以前居住在北村的大多是達官貴人，而住在南村的以平民居多。清溪川是他們的交匯點，他們會在這裡洗衣服，每逢節慶時也會聚在這裡。現在清溪川終於重見天日，高速公路拆了、空氣流通了、汽車的廢氣少了，污染物和噪音也減少了，昔日舒適的清溪川回來了。清溪川總長度為8.12公里，建議大家可以走清溪川廣場至東大門的一段。

清溪川和人的關係

雖然清溪川被推廣為旅遊景點，但在清溪川看到的大都是韓國人，看到有些遊客在清溪川廣場一帶拍拍照片就走，實在非常可惜。清溪川是需要大家走下來看看的，或是找個地方坐下來觀察。清溪川是韓國人飯後散步、情侶約會、朋友聊天、小朋友玩樂的地方，充分體現了韓國人在繁忙生活中享受悠閒的一面。清溪川

和市民的關係很接近，你要脫光鞋浸浸腳，也是可以的，而且清溪川的水質受到監控，雖然還未到可飲用的地步，但小朋友戲水也絕對沒有問題。當然人們也很自律，不會破壞這裡的一草一木。另外，清溪川還是個公共表演的地方，有時候會看到有人畫素描、有時侯會聽到小音樂會。

知 識 充 電 站

清溪川的歷史

早於朝鮮時代，世宗已把清溪川認定為市中心，河水從西向東流入漢江。隨著清溪川的人口增加，清溪川的排放污水的能力受到很大壓力，朝鮮時代還有能力去進行疏通工程。但到了日本統治期間，開始有了把清溪川覆蓋的聲音。韓戰結束後，清溪川已受到很嚴重的污染，環境衛生很差，臭味也令人難以忍受，但因為戰後國家資源有限、財力疲弱，只好把清溪川埋入地底。清溪川旁的商業大廈相繼落成，而上蓋則興建高速公路，清溪川無疑走上現代化的發展道路，但周邊的環境卻遭到破壞，現在好不容易才復原過來。

眼前明明是一條河，但抬頭卻看到商業大廈，很神奇

旅 行 小 抄

炎炎夏日的消暑良方

清溪川的河水有助降溫，就算是炎炎夏日，只要坐到橋底，就可以從地下感到涼快，像開了空調一樣，建議大家走累了，可以買點吃的在橋底野餐。

黃昏時的神祕感

清溪川的日與夜給人截然不同的感覺，如果接近黃昏時散步，就可以看到清溪川由日間的自然感轉變成夜間的神祕感。

清溪川廣場

清溪川廣場的紅藍色大貝殼(作品名稱為彈簧)可說是清溪川的地標,由瑞典藝術家Claes Thure Idenburg設計,同時也是清溪川的起點,不時會有展覽活動,非常熱鬧。

光化門 광화문

仁寺洞街
인사동길

鐘路 종로

鐘閣 종각

鐘路 종로

三一路 삼일로

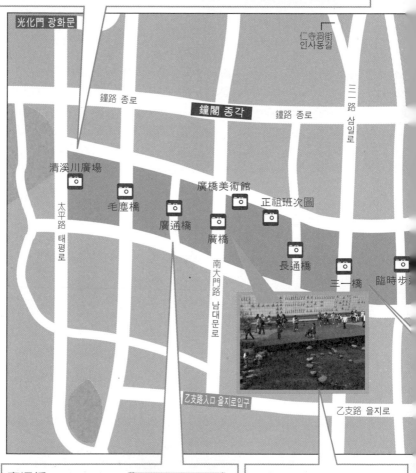

清溪川廣場

太平路 태평로

毛塵橋

廣橋美術館

正祖班次圖

廣通橋

廣橋

南大門路 남대문로

長通橋

三一橋

臨時步

乙支路入口 을지로입구

乙支路 을지로

廣通橋

清溪川有很多座橋,而廣通橋是古時最大規模的中心橋樑,曾因清溪川覆蓋工程而被埋在地底,現由木橋改建為石橋,晚上定時會有燈光、音樂等表演。

廣橋

廣橋底下有個美術館,提供小朋友展示創作的空間。另外,這裡有幅大磁磚圖「正祖班次圖」,由朝鮮時代的畫家金弘道與其他著名畫家合作完成,長度足足有192公尺!

黎明橋

馬廛橋

娜來橋

清溪川地圖

昌慶宮路 창경궁로

訓練院路 훈련원로

街 종로3가　鐘路 종로

鐘路5街 종로5가

娜來橋

馬廛橋

黎明橋

梨峴橋

世運橋

觀水橋

訓練院路 훈련원로

支路3街 을지로3가

乙支路4街 을지로4가

乙支路 을지로

三一橋

三一橋充滿未來科幻感。

世運橋

世運橋上有座照明象徵塔，附近有噴水池。

明洞
명동
Myeongdong

明洞

➡ 地鐵4號線至明洞站

明洞旅遊諮詢中心

✉ 首爾市中區明洞1街53-1號
📞 (02)7743238
🕐 10:30～22:00
🗺 P.84(在M Plaza內)

一提起明洞，大家就會想到買東西，明洞的確是首爾最具代表性的購物地方，店鋪密集而陳列得漂漂亮亮，沒幾步就是一家化妝品店(保養與化妝品的深度特寫見P.102)，沒幾步就是一個大型的購物商場，當然衣服的平均價格比東大門、南大門高，但一點也不損遊人的購物興致。亦因為明洞的代表性，不少國際的服裝品牌也以明洞作為打入韓國市場的墊腳石，像ZARA、Forever 21、H&M、Mango等等都選擇在明洞開設在韓國的第一家店，它們主要集中在M Plaza(P.99)、NOON SQUARE這2個商場。而NOON SQUARE的面積較大，

也有Billabong、Adidas、Puma、Nike等運動品牌、韓國服裝小店、書局等。

比較接近乙支路1街地鐵站的樂天百貨，比前兩者的檔次明顯地高，設有LV、Gucci、Armani等國際品牌專櫃以及雪花秀、O Hui等高檔護膚品牌。

最佳的求婚地

N首爾塔
N서울타워
N Seoul Tower

- ✉ 首爾市龍山區龍山洞2街1-3
- 📞 (02)34559277
- 🕐 10:00～23:00(週五、六延至24:00)
- 💲 成人9,000 won、學生7,000 won、兒童5,000 won
- http www.nseoultower.co.kr
- ➡ 地鐵3號或4號線至忠武路站,從2號出口坐2號巴士到總站山頂
- MAP P.47

如果要選首爾的地標,首爾塔當之無愧,不少韓劇也會把首爾塔定為等人的地方,而且位於南山山頂,可以從高處盡覽首爾夜景。首爾塔原本是一座廣播電視塔,後來開放給公眾之後大受歡迎,與首爾市民建立了30多年的關係。晚上會變色的首爾塔顯得更有魅力,每天晚上7點到12點,會在不同地方作燈光匯演,就算沒有買票,坐在塔下觀賞也已經很棒。而2樓的戶外展望陽台也是免費開放,不知從什麼時候開始成為情侶掛上愛情鎖的地方,又不知道什麼極受大家歡迎,連人氣綜藝節目《我們結婚了》的夫婦也有上過來,粗略估計現在已經上幾萬個鎖了吧!另外,首爾塔裡面還有泰迪熊博物館,粉絲可以順道參觀。

南山真的是個散步好地方,不過如果要從山腳走上來,差不多要2、3小時,而且路不算好找,所以建議坐車上山,有時間的話才考慮散步下山。首爾塔被南山公園包圍,散步道四季都很美,是首爾市內賞櫻、賞楓的熱點。

皇后的娘家

南山谷韓屋村
남산골 한옥마을
Namsangol Hanok Village

- ✉ 首爾市中區筆洞2街84-1
- ☎ (02)22644412
- ⏰ 4〜10月為09:00〜21:00；11〜3月為09:00〜20:00
- 休 週二
- $ 免費
- http hanokmaeul.seoul.go.kr
- ➡ 地鐵3號或4號線至忠武路站，從3號出口步行5分鐘
- MAP P.83

MAP P.83

知 識 充 電 站

韓國國技 ── 跆拳道

除南山谷韓屋村外，有時候在街上也可以突然看到跆拳道表演，因為跆拳道是韓國的國技，早於新羅、百濟時期已有跆拳道的招式，隨時代的變遷慢慢演變成現在的跆拳道，是韓國具代表性的運動之一。跆拳道是一項手腳並用的武術，成為奧運比賽項目後，愈來愈多外國人開始認識這項運動。

　　首爾塔位於南山山頂，南山谷韓屋村則位於南山山腳，鄰近地鐵站，附近也可坐車往山頂的南山公園和首爾塔。南山谷韓屋村原本並不在市中心，5棟韓國傳統韓屋均由首爾郊區遷到筆洞，現在已沒有人居住。比起北村韓屋村，這裡的韓屋欠缺現實的生活感，但這裡呈現出古時的韓屋、擺設和生活模樣，其中一棟更是純貞孝皇后尹氏娘家(朝鮮第27代王純宗的皇后)的住屋。晚上的南山谷韓屋村特別漂亮，在燈籠襯托下，韓屋顯得更古色古香，也可遠眺山頂的首爾塔。

　　南山谷韓屋村可以說是一個公園，有涼亭，有蓮花池，夏天煞是好看。南山谷韓屋村也有廣闊的公共空間，讓遊人可以嘗試堆沙、投壺、四竹棋等傳統遊戲。或許因為地方大，週六還不定期看到以傳統形式進行的真實婚禮和跆拳道表演。

Jung-gu

東大門
동대문
Dongdaemun

東大門

➡ 地鐵2、4、5號線至東大門歷史文化公園站；或地鐵1、4號線至東大門站

東大門旅遊諮詢中心

✉ 首爾市中區乙支路6街17-2號
📞 (02)22369135
🕐 09:00～22:00
🗺 P.85

東大門是首爾批發零售的集中地，歷史悠久，但區內卻有多棟新穎的購物商場，為東大門定期注入新血，所以一點也看不出它的年齡。東大門購物區主要由十多棟大型購物商場所組成的，什麼都賣，其中韓式服裝最受遊客歡迎，也有鞋子、配件、運動用品、玩具等出售。這裡的店鋪以商場為主，地鋪為輔，而商場的店鋪大多做得不錯，但整體的價位會比台灣五分埔貴。

東大門是一個愈夜愈熱鬧的地方，晚上和凌晨時間的人流最多。東大門大致分為2區，其中一區是批發零售兼備的新穎購物商場群，一般於早上10點半開門，到清晨5點才關門。這些購物商場的距離很近，短短的路程就有好幾家大型的商場，譬如：時尚的doota，檔次較高，不少韓國設計師選擇在這裡展開自己的事業。另外，還有年輕人最愛流連的Migliore、以及近來才開幕的Maxtyle、運動品牌集中的Goodmorning City。

另一區則以批發為主，從晚上營業至早上，不一定接受單件購買。

南大門
남대문
Namdaemen

南大門
➡️ 地鐵4號線至會賢站

南大門旅遊諮詢中心
✉️ 首爾市中區南倉洞49南大門市場內
📞 (02)7521913
🕐 09:00～18:00
🗺️ P.85

　　雖然南大門跟東大門只相差一個字，但它們是兩個風格完全不一樣的市場，東大門比較時尚，顧客層比較年輕，保守的媽媽大概要空手而回，但南大門的貨物種類很廣，服裝、童裝、雜貨、廚具、土產、陶瓷、食材、各種零食、衣服、玩具、紀念品等都有，總有一樣合你心意，當然衣服的款式肯定比不上東大門的潮流，但勝在款式沉實、寬鬆，價錢也很實惠。

　　南大門主要有本棟和C至F棟商場，如果漫無目的地遊逛，或許你會覺得這裡雜亂無章，但其實這裡亂中有序。眾多商場中以本棟的歷史最悠久，售賣以女裝為主，而地下集中的多家辣帶魚食

韓國最受歡迎卡通人物

大家有沒有在南大門發現一隻藍色的小企鵝？牠常在南大門的文具店和玩具店神出鬼沒，請不要小看牠，牠可是現在韓國最當紅的3D卡通人物Pororo小企鵝(韓文名字：뽀로로)，甚至韓劇主角也會用上Pororo的產品。Pororo跟很多小朋友一樣，也有頑皮的時候，但牠充滿好奇心，勇於嘗試新事物，卡通片就是圍繞牠和其他小動物朋友們的冒險故事。每個小故事都有其背後的意義，讓小朋友跟Pororo一起探險，一起學習，一起解決問題，Pororo在韓國以外也受到家長、小朋友的喜愛。

店也遠近馳名。而C、D棟則以售賣雜貨為主，地下一樓有進口食物，二樓有韓國陶瓷，3樓則是廚具。因為南大門也算是旅遊區，本棟和C棟之間的美食街就有很多伴手禮選擇，譬如：人蔘、海苔與魷魚等等。至於F、G棟主要售賣嬰兒和小朋友的服裝和用品，亦是韓國兒童用品的最大批發市場，難怪單是小朋友的玩意就可以占了這麼大的面積。

現在韓國最當紅的3D卡通人物Pororo小企鵝

文藝復興式的建築

首爾市立美術館
서울시립미술관
Seoul Museum of Art

- ✉ 首爾中區西小門洞37號
- ☎ (02)21248800
- ⏰ 平日10:00～21:00
  週末及公休日10:00～19:00
- 休 週一
- 💲 免費(個別展覽或需入場費)
- http seoulmoa.seoul.go.kr
- ➡ 地鐵1號或2號線至市廳站,從10號出口步行5分鐘
- MAP P.82

　　首爾市立美術館鄰近德壽宮和地鐵站,是交通便利的現代美術館。首爾市立美術館的前身是文藝復興式建築的大法院,後來改建為美術館,保留了拱形大門,雖然外表復古,但裡面的室內設計和展品充滿現代感,也曾展覽不少世界知名畫家的作品,如:畢卡索展、梵谷的畫作,使展品更豐富。美術館不僅展示藝術作品,更定期舉辦美術教室講座,對象包括學生,在職人士、家庭主婦、外國人等,希望把美術欣賞或參與更普及化。

　　而首爾市立美術館門前廣闊的庭園也是美術館的一部分,常跟不同的機構、藝術家合作展示大型的藝術作品,譬如每年5、6月也會舉辦名為「Art in Bloom」的戶外展覽,這次以外太空為題,希望遊人走出刻版的生活,體驗另一個陌生的空間。邊看邊走,離開了庭園,會見到石牆路,再跟著走,就會來到德壽宮。

西化的王宮

德壽宮
덕수궁
Deoksugung Palace

- ✉ 首爾市中區貞洞5-1
- ☎ (02)7719955
- ⏰ 09:00～20:00
- 休 週一
- 💲 成人1,000 won、學生500 won
- http www.deoksugung.go.kr
- ➡ 地鐵1號或2號線至市廳站,從2號出口步行5分鐘
- MAP P.82

　　沿著優美的石牆路,可以從首爾市立美術館散步到德壽宮。德壽宮原本是朝鮮王族月光大君的私人住宅,後來在壬辰倭亂、朝鮮末期、大韓帝國時期被用作王宮。不過德壽宮給人的感覺,跟景福宮很不一樣,雖然同是韓國的王宮,德壽宮卻異常西化,竟然有噴水池,而德壽宮裡的美術館也是由西式的君主寢殿改建而成,朝鮮最後一位的君王高宗很喜歡在靜觀軒喝咖啡。

知識充電站

西方文化的中介站——貞洞

德壽宮所位於的貞洞,因為臨近漢江麻浦港口,所以成為西方國家傳播西方文化、宗教的中心,所以這裡深受西方文化影響,韓國最早的基督教教堂也是位於貞洞,甚至德壽宮的建築也滲入西方元素。

購物名店

:: 眾多年輕、平價服飾

hello apM

東大門內

- ✉ 首爾市中區乙支路6街
- ☎ (02)63881114
- 🕐 10:30～05:00
- 休 週二
- http www.helloapm.com
- ➡ 地鐵2、4、5號線至東大門歷史文化公園站，從14號出口步行5分鐘；或地鐵1、4號線至東大門站，從8號出口步行10分鐘
- MAP P.85

在東大門眾多購物大廈中，以hello apM的顧客層最年輕，平價的款式占比較多。男生陪女生在東大門逛街時一定覺得很無趣吧！因為大部分的店鋪只賣女裝衣服。在hello apM就不同，hello apM有不少專售男裝的小店，不單以款數、價錢取勝，而且款式基本得帶點玩味。hello apM 的3樓120號鋪就是其中一家潮流男裝店，男生平常穿得最多就是休閒tee，這裡店鋪小小，選擇卻異常多，大部分的圖案都很有趣，桃紅色的polo衫配上黑白波點蝴蝶結也很特別。

獨特質感的絲綢商品

SILK BUTTON

明洞內

✉ 首爾市中區忠武路1街23-1
☎ (02)7783889
🕐 12:00～22:30
➡ 地鐵4號線至明洞站，從6號出口步行5分鐘
MAP P.84

中區明洞的店鋪以化妝品店和歐美大型連鎖店為主，SILK BUTTON是當中的例外。SILK BUTTON專注手工製作及售賣絲綢飾品，絲綢商品有種獨特的光澤，價值感高，配襯起來很是高雅。店裡最受歡迎的產品是圍巾，顏色組合很廣，韓國人很喜歡用來配淨色的毛衣。另外，也有一些絲綢做成的小飾物，深受韓國少女和日本遊客的喜愛。而SILK BUTTON對面是ALAND，是一棟綜合式的多層服裝店，除了韓國本地品牌外，也代理國外名牌，風格多元化，比連鎖式的大型服裝店有趣。

知名品牌的聚集

M Plaza
M 프라자

明洞內

✉ 首爾市中區明洞2街31-1
🕐 10:30～22:00
➡ 地鐵4號線至明洞站，從6號出口步行5分鐘
MAP P.84

明洞有不少歐美連鎖式的大型服裝店，總是擠得水洩不通，當中最紅的可算是西班牙fast fashion的代表品牌Zara，以及美國價格定位便宜的休閒品牌Forever 21，兩者均採近年流行的時尚、平價、快速的消費模式。有兩大王牌坐陣，加上M Plaza鄰近地鐵站，裡面總是擠滿人。除了Zara和Forever 21外，M Plaza地底有韓國文具精品連鎖店Kosney，1樓有希臘首飾品牌folli follie，而5樓則是大型旅遊諮詢中心和餐廳School Food。

美食餐飲

堅持原味的牛肉湯飯

河東館
하동관
Hadongkwan

明洞內

- ✉ 首爾市中區明洞1街 10-4
- ☎ (02)7765656
- ⏰ 07:00～16:30
- 💲 10,000～12,000 won
- http www.hadongkwan.com
- ➡ 地鐵2號線至乙支路1街站，從5號出口步行10分鐘
- MAP P.84

河東館是明洞70多年的老店，經過三代人經營，只售韓式牛肉湯飯，牛是來自江原道的韓牛，這麼多年都只用同一個供應商，牛肉湯熬幾小時而成，沒加任何調味料，可自行加入蔥花、鹽、雞蛋，韓國朋友建議加入蘿蔔泡菜汁的話，更能帶出味道。以做生意的角度來說，當然希望多賣一碗、多賺一塊，但為了確保食物的質量，這裡多年來堅持售完即止，一般下午4點就賣光，是家有原則又有人情味的老店。這裡的湯飯分量大，大男人也可以撐著肚子離開，但以價錢來說，還是有一點貴，不過要繳交明洞的租金，又不在晚間營業，現在能夠存活下來，已經很難得了！

知識充電站

石鍋拌飯的由來

韓國天氣寒冷，為了保存食物溫度，他們使用由石器造成的器皿，想不到保溫之餘飯味更香濃，石鍋底香脆的飯焦也受到韓國人的喜愛，跟中國的煲仔飯有異曲同功之妙。

色香味俱全的石鍋拌飯

우모촌
Woomochon

南大門內

✉ 首爾市中區南大門路2街 34-100
☎ (02)7573936
🕐 07:00～18:00
💲 4,000～5,000 won
➡ 地鐵4號線至會賢站，從5號出口步行5分鐘
MAP P.85

南大門沒有鐘路美輪美奐的咖啡店，主要是小巷裡的實力派傳統食店，本棟地下就有專門售賣帶魚料理或豬腳的小街。

旅遊諮詢中心可愛的妹妹告訴我，除了這2條食街外，本棟地下還有一間著名的食店，就是우모촌拌飯店。石鍋拌飯可說是色香味俱全又營養豐富的食物，各色蔬菜整齊地鋪在飯上面，有時候會加上一個生雞蛋，看上去又紅又黃又綠，只要把所有材料好好拌勻後就可以起筷了。雖然店鋪小而簡，但家庭式的老店讓人感覺溫暖。另外在店裡的烏龍麵、冷麵也很受客人歡迎。

旅行小抄

我不吃牛怎麼辦

如果你不吃牛，或是要在明洞吃晚飯的話，其實還有很多選擇，這裡就介紹一家新式的豆芽烤肉店吧！簡單來說，就是把豬肉、芽菜、年糕放在鐵板上燒，配上海帶湯、白飯、泡菜，只需要5,000 won，但至少2人同行。另外，明洞的咖啡店、甜甜圈店、冰淇淋店也很多，Paris Baguette就是其中一家，它們的紅豆冰超級棒！逛累了可以隨便找家坐坐歇歇，可不要因血拼而累倒。

Paris Baguette   明洞內

💲 3,000～5,000 won
MAP P.84

콩불 豆芽烤肉店   明洞內
Kongbul

✉ 首爾市中區明洞2街52-5
☎ (02)3182969
🕐 11:00～23:00
💲 5,000～7,000 won
http www.kongbul.com
➡ 地鐵4號線至明洞站，從6號出口步行5分鐘
MAP P.84

深度特寫

明洞是保養與化妝品品牌的集中地，所有韓國熱門的品牌都可以在這裡找到。因為是旅遊旺區，難免人多擁擠，但如果想一口氣購買的話，明洞還是最方便，不但品牌集中，個別品牌甚至有2至3間分店，而且店鋪店員大多有會說中文的，可以對產品的特性和使用方法有更深入的了解。明洞是讓人眼花撩亂的戰場，如果沒試過太多品牌，或許可以留意下面的重點推薦，那就能買得得心應手。

The Etude House

The Etude House是近年人氣直升的品牌，所主打的顧客層是年輕可愛的少女，找來了人氣組合2NE1成員Sandara作為代言人，可愛的Sandara在廣告裡面表情多多，古靈精怪，把產品活潑地介紹出來。話說韓國有個美容電視頻道，找來不少人矇眼測試多個品牌乳霜的保濕力，只售15,000 won的骨膠原保濕乳霜竟然獲得第二名，把不少貴價品牌或外國品牌比下去，成為一時佳話。

代言人
人氣組合2NE1
成員Sandara

王牌產品
骨膠原
保濕乳霜
(Collgen
Moistful
Cream)

Tony Moly

　　人氣男演員宋鐘基在韓國被公認為花美男，皮膚好得跟嬰兒一樣，而且他注重儀容，有自己一套美容心得，曾出版男生美容書籍，當Tony Moly的代言人絕對當之無愧，亦成功令Tony Moly擠身為韓國3大暢銷品牌之一。其中雞蛋型和蕃茄型的面膜也很討人喜愛。

代言人
人氣男演員
宋鐘基

王牌產品

純金黑糖
活肌精華
面膜
(Gold Black
Sugar Mask)

Laneige

　　相信大家對Laneige這個品牌非常熟悉，Laneige藉著人氣女演員宋慧喬而打進亞洲多個海外市場，保濕和彩妝產品深入民心。其實Laneige屬於Aritaum旗下，Aritaum還有很多不同定位的品牌，譬如含韓藥成分的韓律。不少店員持有美容執照，整體的顧客服務比較優勝。

代言人
人氣女演員
宋慧喬

王牌產品

水凝
滋養面膜
(Water Sleeping
Pack EX)

旅行小抄

其他品牌攻略

1.如果預算比較少，可考慮韓國平價護膚品牌Skin Food或Missha。

2.baviphat和too cool for school(P.114)是比較新興的品牌，定位較年輕、包裝有趣。

3.雪花秀、O Hui等高檔護膚品牌可待機場免稅店購買。

大學區

대학구
Daehag-gu

대학구

概況導覽

大學區並不屬於鐘路區或中區的部分，而是位於西大門區和麻浦區之間。嚴格來說，大學區並不是正式的地區，但是因為這裡的大學林立，弘大、梨大、延大之間形成了一個代表性的小區域，所以大家把它稱作大學區，可說是年輕、活力的代名詞，亦是旅客非常喜歡的一個購物小區。

每個城市的小店總是讓人更了解那個地方的設計，台灣有東區、香港有大坑，而首爾就非弘大莫屬。弘大隨處可以看到有趣的小店、咖啡店，不少有創意、實驗性質的品牌、產品也會以弘大作為試點，測試年輕人對品牌、產品的反應。另外，弘大辦了多年定期的活動，譬如星期六的手作人自由市場、每個月第二個星期五的Club Day、每個月第四個星期五的Sound Day，買了門票後就能自由進出多間酒吧，吸引無數的年輕人前來聽歌跳舞，總之，弘大就是沒有靜下來的時間。

從弘大邊逛邊看，很容易就可以走到相距2個地鐵站的梨花女子大學，有女學生的地方，就是購物的好地方，梨大也不例外，有很多陳列得很好看的小店，不過與弘大相比，這邊賣的東西較女性化，顧客層以女學生為主。

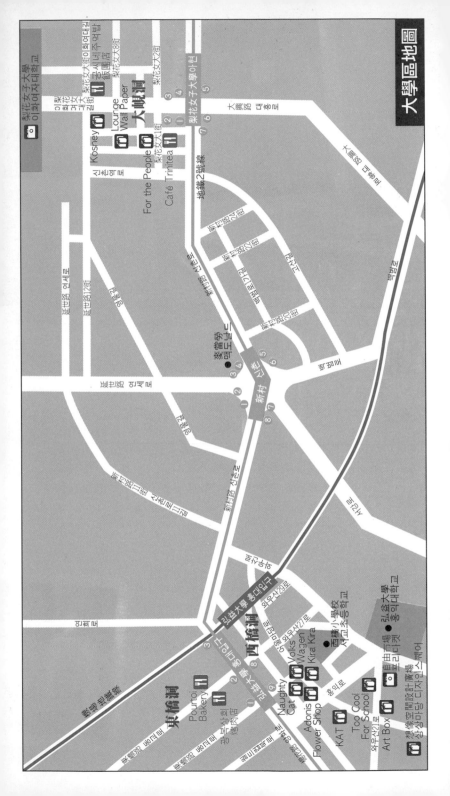

熱門景點

充滿原創手作小物

自由市場
프리마켓
Free Market

- ✉ 首爾市麻浦區西橋洞359(弘益兒童公園內)
- ☎ (02)3258553
- 🕐 13:00～18:00(3～11月週六)
- 💲 免費入場
- http www.freemarket.or.kr
- ➡ 地鐵2號線至弘益大學站,從9號出口步行10分鐘
- MAP P.106

弘益大學的正門對面有個弘益兒童公園,星期六會辦自由市場(冬天會休息),提供一個平台給喜歡創作的年輕人展示發表自己的作品。參加的手作人均需報名,得到主辦單位確認後才能在自由市場設攤,以確保自由市場作品的素質,也避免非原創性的產品擺賣牟利,不過要注意公園外的推車攤只是一般商販。旺季時攤位設滿整個兒童公園,會有好幾十個攤位,人山人海似的。手作種類以包包、記事本、娃娃、小飾物、小擺設為主,有時候,還

可以按自己特別的需要請手作人現場做出來。另外,自由市場也有很多人像素描的小攤。

自由市場不僅是個手作人的小市場,也是音樂和手作分享的好地方。弘益兒童公園內有個小涼亭,自由市場活動期間,有些獨立歌手或樂團來這裡現場表演,在市場逛累了,就在涼亭坐坐,在樹蔭、彩帶下聽聽歌,好不愜意。如果你看著各手作人的作品後,也想動手試試看,這裡不定期也提供手作體驗的活動。譬如可以在麻質的環保袋上發揮你的小創意,可以繫上絲帶,也可以在上面縫上拼布、珠片,甚至畫圖,變成獨一無二的環保袋。這種互動性強、參與度高的市場,才是自由市場的意義吧。

旅行小抄

星期日的希望市場

希望市場和自由市場是在同一個地方辦,只是時間不一樣,攤位多少而已,有些攤位兩邊都參加,有些攤位只參加自由市場,雖然主辦單位說主題不一樣,但看上去非常相似。

LUCITOPIA

　　LUCITOPIA的手作人，不但長得可愛，而且作品充滿童心。LUCITOPIA的娃娃不是一般的可愛，每一隻都很有個性，一隻小小的娃娃就用上多種物料做成，臉上用了麻質布，眼睛就配絨布，她細心為孩子打扮，配上閃皇冠、蝴蝶結、領巾、毛毛尾巴，感覺很豐富，就像可愛的外星人。

http www.lucitopia.pe.kr

由街頭崛起的2人樂團

玩家交流

　　弘益大學是韓國相當著名的藝術及設計大學，加上梨花女子大學、延世大學也是在此區附近，弘大成為不少大學生、年輕人聚集的地方，他們注重追求生活素質、新鮮事物，附近開滿不少特色小店。而10 cm就是在弘大打響名堂的獨立組合，喜歡在弘大咖啡店創作，常在不同的地方作現場表演。因為鼓手是個高個子，跟主唱的身高剛好相差10公分，於是就將團名取為10 cm。我是他們的粉絲！去年到韓國，在咖啡店經常聽到他們的歌！

　　他們因2010年的一首關於咖啡的歌《Americano》而受到獨立音樂界和

年輕人的大力關注，後來更被電視台邀請去到各大綜藝和音樂節目表演。10 cm只有2名成員，一位負責主唱和非洲鼓，另一位負責吉他與和聲，聲線柔和，背景音樂簡單自然，給人清新舒服的感覺，是我最喜愛的韓國組合，期待下一個從弘大走向流行的樂團！

自由市場

Art & Living Creative Center

　　Art & Living Creative Center的手作人專注做木雕刻的作品，木頭是自由市場較少看到的手作材料，而在木頭上雕刻要花上不少氣力，Art & Living Creative Center的題材以大自然、動物為主，雕刻的地方少至小星星、小鴨子，很考究功夫。

http cafe.naver.com/asirang.cafe

設有電影院的百年大學

梨花女子大學
이화여자대학교
Ewha Woman's University

✉ 首爾市西大門區大峴洞11-1

☎ (02)32772114

http www.ewha.ac.kr

➡ 地鐵2號線至梨花女子大學站，從3號出口步行10分鐘

MAP P.106

梨花女子大學是韓國第一的女子大學，於1987年建校，至今已超過120年歷史，培育了不少優秀的女性，韓國總統李明博的夫人也是畢業於梨大。雖然大學對於過往的歷史感到自豪，也保留了大學古老的建築，但梨大並不是原地踏步的古板學府，面對世界的急速變遷，梨大也致力成為學生們改變的起點。

進入梨大校園內，現代化的複合區(Ewha Campus Complex)非常顯眼，和旁邊的舊式教堂相映成趣。複合區出自法國著名建築師Dominique Perrault的手筆，有人把它形容為「大峽谷」，是一個中間是凹陷到地底的廣闊樓梯步路，旁邊是從地下1樓伸延到6樓的建築，而在建築的上蓋竟是綠草如茵的花園，充滿驚喜。複合區建築以玻璃作主要材料，不但增加了空間感，而且能讓室內充滿天然陽光的溫暖。圖書館、書店、咖啡店、餐廳等基本設施都能在地下1樓找到，想不到的是大學裡竟然有電影院和時裝展覽。

韓國大學生的語言水平

　　或許10年前韓國人的外語水平不高，但現在已經是另一回事，韓國人是工作假期和國際義工營的常客，他們勇於往外跑，我就認識一個完全不會英文的韓國男生，先到菲律賓學習一點英文，再以工作假期簽證到澳洲邊打工邊學習。只要有一個英語的環境，或勇於嘗試的心，要學習外語就變得沒那麼難。現在普遍的韓國大學生也有很多出國旅行、交流的機會，而且不少大學生還會一種英文以外的語言，如：中文、日文。

購物名店

多樣化生活百貨

Kosney
코즈니

📧 首爾市西大門區大峴洞56-2
📞 (02)3659201
🕐 10:30～22:00
http www.kosney.co.kr
➡️ 地鐵2號線至梨花女子大學站，從3號出口步行10分鐘
MAP P.106

Kosney位於梨大附近，門外有對巨大的粉紅色高跟鞋，很容易辨認。Kosney是韓國的生活百貨，產品多元化，生活上有機會用到的東西都可以找到。最基本的文具、服裝、包包、掛飾、杯、毛巾、鬧鐘種類最多，也有行李箱、野餐布、地毯、衣架、眼罩等小雜貨，每樣產品都很可愛別緻。Kosney的顧客層不止是少女、還有家庭客群，絨毛娃娃、小朋友坐的玩具車就最得小朋友的歡心。另外，Kosney門外的Happy Market專售衣服和鞋子的減價貨，3樓韓國品牌codes combine也附設特價區，有空可以順道尋尋寶。

但對遊客來說，Kosney漂亮的座檯燈、椅子、儲物櫃、垃圾桶比較難帶走，只好用眼睛欣賞。

自由靈感的設計殿堂

想像空間設計廣場

상상마당 디자인스퀘어

Sangsang Madang Design Square

- ✉ 首爾市麻浦區西橋洞367-5號想像空間1樓
- ☎ (02)23306273
- 🕐 12:00~23:00
- http www.sangsangmadang.com
- ➡ 地鐵2號線至弘益大學站，從9號出口步行10分鐘
- MAP P.106

　　想像空間可說是弘大的地標，樓高7層，內設有電影院、公演場地、畫廊、工作室等等，一應俱全，其中地下的Design Square是一間別緻的精品店，販賣的都是韓國品牌，以文具、擺設、雜貨等實用貨品為主。產品設計的路線大致簡約，帶點無印良品風格，但卻有更多的細節，例如：牆上的盆栽掛鐘把風馬牛不相及的東西組合起來，又好玩又省地方，而平凡無奇的一個水杯，加了個象鼻似的波點柄，也有趣多了。

　　雖然這一樓以販賣商品為主，但也規畫了一小區域作經常性的展覽用途。而2、3樓更常設免費展覽，一方面大眾可更輕易接觸藝術及設計作品，另一方面新進的藝術家又有多一個渠道去展出自己的心血。

知 識 充 電 站

想像空間的源起

不說不知，樓高7層的想像空間原來是由菸草公司KT&G的社會企業發起，目的是為了支援韓國新進的藝術家，提供一個創作園地，意想不到的是，外形獨特的想像空間不但成為當地年輕人活力的聚點，而且受到國際藝術界的認可。

Too Cool For School

투쿨포스쿨

✉ 首爾市麻浦區西橋洞358-37號
☎ (02)3320167
🕐 12:00～23:00
💲 1,000 won～25,000 won
http www.toocool.co.kr
➡ 地鐵2號線至弘益大學站,
　從9號出口步行10分鐘
MAP P.106

課後BB午餐盒(After School Foundation Lunchbox)

↑果醬面膜

← 新產品,略帶粉紅色的果凍妝前底霜(Pink Girl Jelly Base),令偏黃的皮膚也能呈現白裡透紅的效果

　　位於弘益兒童公園附近的too cool for school是他們的第一間店,螢光黃色的招牌很顯眼,店內多個黃色燈泡也很惹人注意,在激烈的化妝品市場上,此品牌一開始就打算要快速抓住大家目光。店鋪中間有個自助式的產品試用間,讓你這個顏色試試,那個顏色也試試。另外,店裡也擺放了不少畫作,雖然跟化妝品的關係不大,但大大提升了店鋪別具一格的形象。

　　too cool for school背後的意念是希望每個女生也能保持自己獨一無二的個性,產品的路線是實用之餘又好玩,邀請了德國著名的插圖師Anke Weckmann畫插圖,她的插圖風格獨特,把每一件貨品的包裝都增添了個性。這裡的王牌是課後的BB午餐盒(After School Foundation Lunchbox),迷你的午餐盒下層是BB cream,上層是遮瑕膏和光影膏,一物三用,是懶鬼的恩物,只售18,000 won。蠟筆唇膏(Artclass Lip Crayon)和果醬的面膜(fruits vita jelly),幾可亂真,分別售6,000 won、1,000 won,是很不錯的伴手禮。

美食餐飲
Unique Nutritious

高貴不貴的平價烤肉

광복상회
Gwangbogsanghoe

📧 首爾市麻浦區東橋洞200-25
📞 (02) 3343815
🕐 11:30~22:30
💲 8,000~15,000 won
http www.gb815.com
➡ 地鐵2號線至弘益大學站，從2號出口步行10分鐘
MAP P.106

銀色的吸管會把油煙吸走

광복상회烤肉店並不是位於弘大最旺的西橋洞，而是較為寧靜的東橋洞，但從地鐵站走過來，也不過10分鐘而已。烤肉店是一棟有格調的木屋子，樓高2層，外面還有個舊式的流水擺設，晚上燈火通明，高朋滿座，就知道這裡不簡單。因為烤肉店太漂亮了，所以原本以為這裡是貴價的烤肉店，但菜單的價錢卻令人驚喜，每碟肉只是8,000~9,000 won，和同區烤肉店的價錢差不多。

烤肉的種類以牛、豬不同的部位為主，建議大家一開始可以叫些不同的，等嘗到喜歡的才再落單。韓國人到烤肉店，大都會叫白飯，和肉一起包到菜裡面吃，而烤肉店也有賣湯品，譬如大醬湯。烤肉店採開放式設計，吃東西時也可看到街景，感覺空間很大，不會很擁擠，就算是白天，也有不少韓國人光顧，享受悠閒的烤肉時光。

Step 1
首先把肉平放在爐上烤熟

Step 2
兩面都烤好後才用剪刀剪開

Step 3
用生菜把肉、飯、醬料、洋蔥或任何喜歡材料包好就可以吃啦

分量超大，價格實惠
공씨네주먹밥
Kong's Riceball

- ✉ 首爾市西大門區大峴洞1538-5
- ☎ (02)8820788
- 🕐 08:00～22:00
- 💲 2,000～8,000 won
- http www.kongsriceball.co.kr
- ➡ 地鐵2號線至梨花女子大學站，從3號出口步行10分鐘
- MAP P.106

　　Kong's Riceball位於梨花女子大學正門口對面，嚴格來說，並不是位於在梨大校園內，但已成爲梨大學生的飯堂。一個飯團的分量比一個拳頭還要大，當作午餐也有營養，快速又方便，而且價錢很優惠，拉麵配飯團的套餐約3,500～5,200 won，成爲趕著上課的最佳拍檔。美中不足的是飯團店座位不多，很多時候都滿座，可考慮外帶到梨大校園野餐去。

為你做飽滿實在的麵包
Pourtoi Bakery
뽀르뚜아

- ✉ 首爾市麻浦區東橋洞200-24
- ☎ (02)3343067
- 🕐 06:00～24:00
- 💲 1,000～5,000 won
- ➡ 地鐵2號線至弘益大學站，從2號出口步行10分鐘
- MAP P.106

　　Pourtoi是法文，而pour toi的意思是「爲你」，名字取得好，就是爲你做麵包，是充滿人情味的一家小店，感覺到店員也很喜歡自己的店。這裡的每個麵包都長得很飽滿，充滿生機，立即想起《麵包王金卓求》男主角用心做的麵包。這裡有紅豆麵包、栗子麵包、核桃蛋糕、奶油蛋糕、小餅乾等等，讓人眼花撩亂。最體貼的地方是有多種小麵包、小蛋糕出售，讓你一個早上嘗到不同的口味，另外，這裡小蛋糕的味道也很不錯，牛奶和起司的比例很好，吃下去很軟滑。

度過優閒華麗的下午

Café Trinitea
트리니티

✉ 首爾市西大門區大峴洞90-80
☎ (02)3130218
🕐 11:00～23:30
💲 5,000～12,000 won
➡ 地鐵2號線至梨花女子大學站，
　從1號出口步行5分鐘
MAP P.106

梨花女子大學附近有不少咖啡店，Café Trinitea可能是當中最漂亮的一間，有點像童話故事的小屋，白色的牆身，配上紅色的門框和窗框，看上去很醒目。裡面的裝潢擺設比想像中華麗，店裡用的是復古的座檯燈和吊燈，燈光昏暗，感覺懶洋洋。店主也很注重店內的細節，牆身的架上放滿了來自不同國家的咖啡、茶葉罐，好看又環保，還有桌上的花布、歐式的器皿、燭台等。

Café Trinitea樓高3層，每層座位不多，而且用上沙發椅和屏風，客人與客人之間有較多的私人空間，即使說什麼祕密，鄰座也不會聽到，是小公主們聊天或約會的好地方。除了咖啡外，Café Trinitea也有紅茶、烏龍茶、綠茶與格子餅之類的輕小食供應。

韓國學生的最愛小店

如果要選首爾購物好去處，弘大必入三大，從地鐵站到想像空間，你會看到弘大無數的小店，連鎖店反而不算多，很有新鮮感，而且價錢也是學生可以負擔。跟東大門相比，弘大的店鋪更集中，陳列得好看又整齊，隨意逛也容易買到喜歡的。

客製化的盆栽店
Adonis Flower Shop
꽃과식물의친구 아도니스

弘大一帶也有不少盆栽店，而Adonis Flower Shop是其中一家，在店外地上放滿可愛小盆栽，店裡則擺放較大型的植物擺設。接過店主的名片，原來店主是花卉設計師，會根據大家的需要做出漂亮的花球、花籃，甚至用花做成包包的形狀，在網頁上也可看到樣本。

✉ 弘大西橋洞
http www.adonisplant.com
MAP P.106

潮流服飾店
KAT

KAT是弘大西橋洞的一家復古小店，單看櫥窗就覺得很豐富，雖然店鋪的面積非常小，幾個人走進去已很擁擠，但裡面放滿了很多連身花裙子，顏色大膽。懷舊的造型需要一些小道具配搭，這裡也有很多誇張的項鍊、皮包包、圖案領巾，紳士鞋、露趾高跟鞋。

✉ 弘大西橋洞
MAP P.106

Volks Wagen

Volks Wagen以德國福斯汽車的英文名作為店鋪名稱，但它其實並不是車行，而是販賣美式風格休閒服的服裝店，店內也用上不少車牌、路牌、玩具車作裝飾，貫徹車的主題，而且連店員都長得很有型！

✉ 弘大西橋洞
MAP P.106

Kira Kira分左右兩個門口，右邊是服裝部，左邊是鞋子區，門外也有不少特價商品。因為貨品款式多，價錢便宜，鞋子剛好做推廣，每雙只售12,000 won，店內鞋子分尺碼擺放，按自己的尺碼挑選，不怕選中了款式而沒有自己的尺碼，所以店內長期擠滿顧客。

不怕找不到鞋碼

Kira Kira

✉ 弘大西橋洞
MAP P.106

韓國連鎖文具店
Art Box

✉ 弘大西橋洞
http www.artbox.co.kr
MAP P.106

Art Box是韓國文具連鎖店，就像Kosney的文具部，但它的價錢便宜一點，1,000 won也可以買到實用的襪子、小褲子。動物印花的可愛睡衣、包包也是店鋪主打，也有賣電器，譬如電風扇。原來Art Box現已發展到海外，不過暫時未在台灣設店。

女生的搭配小物
못된고양이
Naughty Cats

Naughty Cats是連鎖的飾物店，常在大學附近找到，1,000 won的小玩意特多，細心找可以找到不少可愛、易配的，譬如左右不一的骷髏耳環。小東西不好拿，店員一般會給你一個小籃子慢慢挑，不少韓國女生轉一圈就能滿載而歸。

✉ 弘大西橋洞
http www.naughtycat.co.kr
MAP P.106

人潮不散的韓衣
For the People

✉ 梨大大峴洞
🅼🅰🅿 P.106

　　因為梨大現已成為不少旅行團的購物景點，梨大的便宜小店比以前少，也比弘大少，但經過For the People時，驚覺人流極多，感覺有點像H&M，不過款式是韓風類，價錢由5,000 won起。其運作模式是以低廉的價錢把貨品賣完，流動得快，就能快點進新款，店裡模特搭配很吸睛！

　　Lounge Wall Paper和For the People完全是兩回事，Lounge Wall Paper的服裝偏向簡約，顏色以大地色系為主，所有款式均由韓國設計，差不多每天也有新款，確保新鮮感。另外，店外也放了白色長椅和綠色植物作擺設，感覺比較悠閒。

簡約自然服飾風格
Lounge Wall Paper
라운지 월 페이퍼

✉ 梨大大峴洞
🅼🅰🅿 P.106

龍山區

용산구
Yongsan-gu

용산구
Yongsan

概況導覽

龍山區的位置大概就是南山以南、漢江以北，因韓戰後駐韓美軍在此設立軍營，慢慢發展成為外國人的生活圈。雖然軍營現已徹出，但仍遺留下不少特色，使龍山區的感覺跟其他首爾地區不一樣。自從地鐵6號線通車後，龍山區變得更便利，人流也更多，對遊客來說，梨泰院是龍山區最著名的購物大街，從梨泰院往漢南洞方向走，你會開始發現重視空間感的餐廳、店鋪和住宅，人流也比梨泰院少，原來這邊屬於韓國高尚住宅區，三星美術館Leeum和三星集團總裁的寓所也是在這裡。而與地鐵龍山站相連的龍山電子商城、I'Park Mall則集中售賣電腦、數位相機、手機、等電子產品，對韓國電子產品有興趣的朋友，歡迎來這裡一趟。

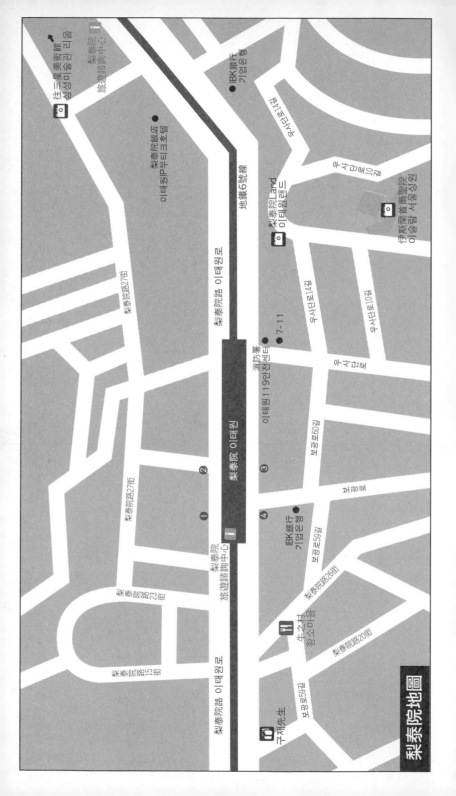

梨泰院
이태원
Itawon

梨泰院位於龍山區，把東西方文化結合，這裡沒有百貨公司，店鋪以異國風情的小店為主，晚禮服、西裝、旅行用品、皮製大衣、毛毛大衣、皮製包包受到外國遊客的歡迎，有些店還接受訂做，而且世界不同國家美食的餐廳雲集於Hamilton飯店後面。梨泰院並不是單單表面地把東西的飲食、購物文化結合，而是眞眞正正尊重、包容不同的宗教、文化和想法，常持有開放的態度，願意接受新事物。韓國第一間伊斯蘭清眞寺就是建於梨泰院，在街上也會看到一家以上的變性俱樂部。

日系雪靴，有波點、蝴蝶結、淨色的選擇

小巷裡的簡約餐廳

125

世界大師的幻想殿堂

三星美術館 Leeum
삼성미술관 리움
Leeum Museum

✉ 首爾市龍山區漢南2洞747-18
📞 (02)20146901
🕐 10:30～18:00
💲 成人10,000 won；學生、65歲以上者6,000 won
🌐 www.leeum.org
➡ 地鐵6號線至漢江鎮站，從1出口步行10分鐘
🗺 P.124

母親和蜘蛛

三星美術館不但由三星集團興建，而且不少美術品是由三星創始人李秉喆會長生前所收藏，提供給普羅大眾欣賞。譬如新羅、高麗時代的佛像、青瓷、白瓷、山水畫、人物畫等。三星美術館最大的賣點是邀請了世界三大著名建築師——來自瑞士的Mario Botta、法國的Jean Nouve、德國的Rem Koolhaas，分別設計了傳統藝術、現代藝術和藝術教育中心3個館舍。

參觀傳統藝術館後，從樓頂沿白色螺旋形樓梯走回地面，這是Mario Botta的設計。從上而望，下面的樓梯會愈收愈窄，就像一個陶瓷碗的形狀，樓梯間並不是密封，可以透過長方形的窗子看到對面的樓梯，加上樓頂透光，樓梯間充滿自然的陽光，而傳統藝術館外的紅牆城堡則參考了首爾的舊建築。

最後不得不介紹的是美術館入口處的大型雕塑「母親和蜘蛛」，出自於藝術家Louise Bourgeois之手。或許大家從名字想不出所以然來，其實雌性蜘蛛是一種充滿母性的昆蟲，為了保護孩子不惜犧牲自己，雖然牠外表強悍，但同時非常脆弱，很容易受傷、死亡，所以Louise Bourgeois就是以雌性蜘蛛來表達母親的愛。

Yongsan-gu

leeum
SAMSUNG MUSEUM OF ART

韓國首間清真寺

伊斯蘭首爾聖院

이슬람 서울성원

Seoul Central Masjid

- ✉ 首爾市龍山區漢南洞732-21
- 📞 (02)7936908
- 🕐 禮拜時間為06:00～19:00
- ➡ 地鐵6號線至梨泰院站,從4號出口步行10分鐘
- MAP P.124

伊斯蘭首爾聖院是韓國第一個伊斯蘭寺院,就算不是伊斯蘭教徒,也很值得參觀。聖院的建築跟韓國很不一樣,主樓以白色和淺褐色為主,用上很多伊斯蘭重覆的幾何圖案。

伊斯蘭首爾聖院是伊斯蘭教徒每天進行禮拜的地方,這裡的禮拜場將男女分開,2樓是男性專用的禮拜堂,3樓才是女性專用的禮拜堂,禮拜的語言以英文、阿拉伯文、韓文3文進行,每天5次,每次10～15分鐘。如果剛好遇上週末或特別的伊斯蘭節日,人潮會多得水洩不通,有些進不了禮拜堂的教徒會在聖院外的空地進行禱告。雖然伊斯蘭首爾聖院主要用作禮拜之用,但亦是伊斯蘭社群聚集的地方,附近不知不覺形成了伊斯蘭的小社區,有不少伊斯蘭國家的餐廳及服裝店。

知識充電站

伊斯蘭飲食文化

伊斯蘭教徒的飲食習慣跟我們不一樣,他們不會吃豬肉、血,也不會喝酒,就算吃其他肉類,都必須是由穆斯林、猶太人或基督徒以主之名屠宰,處理過理的肉類叫作哈拉勒,在伊斯蘭首爾聖院附近可以找到賣哈拉勒的小店。

購物名店

有便宜好貨的二手服裝店

구제先生

`梨泰院內`

✉ 首爾市龍山區梨泰院Victory Town旁
📞 (02)7938589
🕐 11:00～21:00
➡ 地鐵6號線至梨泰院站，從4號出口步行5分鐘
MAP P.124

　　梨泰院的店鋪充滿異國風情，每一家店都獨樹一格，其中구제先生是一間有趣而大家可能會錯過的店。雖然它開在梨泰院的大街上，但它位於樓上，地面的門口非常窄，很多路人也不會留意到這間店。就算留意到，看到穿校服裙叔叔的宣傳牌，大家或許還以為在賣些奇怪的東西吧。我要為它申申冤，它其實是間走懷舊路線的服裝店！沿樓梯往2樓爬，隨便看看價錢，條紋連身裙才不過5,000 won，原來구제先生是一間二手店，貨品5,000 won起。雖然是二手服裝，但全商品都保存得很好，而且看得出經過買手嚴格的挑選，每一件都有自己的特色，用色偏鮮艷大膽，有些配上特別的條紋、格子、圖案組合。二手店貨品很多時候只此一件，看中了就別猶豫。另外，這邊的射燈、吊燈、牆燈充滿了懷舊色彩，燈光偏昏暗，充滿神祕感，店員也長得很有型，配戴粗框眼鏡、束辮子，全都跟店鋪很配，簡直就是完美配搭！

美 食 餐 飲

// 美味多汁烤牛肉

牛之村
황소마을
Hwang So Ma Eul

梨泰院內

泡菜鍋　　　橡子凍

✉ 首爾市龍山區梨泰院1洞128-16
📞 (02)7946373
🕐 11:00〜22:00
💲 6,000〜15,000 won
http www.02-794-6373.kti114.net
➡ 地鐵6號線至梨泰院站，從4號出口步行5分鐘
MAP P.124

↑電視台介紹

韓國人無泡菜不歡，通常在韓國很少看到外國餐廳，或許梨泰院是韓國最多外國餐廳選擇的地方，有中國、泰國、義大利、法國餐廳也不足爲奇，想不到這裡竟然還可以吃到印度菜、墨西哥菜、巴基斯坦菜。不過對於遊客來說，還是本地韓國菜式最爲吸引吧！在小巷裡鑽時發現了牛之村，一看名字就知道是牛肉專門店，就讓我來視察一下環境，烤牛肉固之然是招牌菜，但店內還有很多其他選擇，人蔘雞湯、石頭飯、各種鍋物、海鮮煎餅、章魚刺身等等，種類繁多，不過要注意泡菜的味道偏辣！對面的一家店也是電視台推薦的烤肉店，看來這裡就是區內居民的食堂。

汗蒸幕文化

深度特寫

　　汗蒸幕(한증막)是個集澡堂、桑拿、旅館多功能於一身的好地方，大家可以把它想像為台灣的三溫暖。最大的分別是韓國人會分男女在一個大淋浴間洗澡和浸浴，有些亞洲旅客會覺得在陌生人面前脫光衣服很不可思議，但這是韓國一直以來的文化。沖洗浸浴後大家會到真正的汗蒸幕房間去，不同的房間用上不同的材料，譬如黃土、礦物、金屬等，溫度一般在40~80度。通過冷熱房間的交替，令身體流汗，排出不好的廢物與毒素，促進新陳代謝，而且毛孔擴張後皮膚更能吸收保養品，所以常上汗蒸幕能令人變美。還有，汗蒸幕裡面有很多好玩的，像KTV、遊戲中心等等，讓人樂而忘返。大部分的汗蒸幕24小時營業，即使玩累了晚上在這裡睡覺也可以。現在我就帶大家到汗蒸幕走透透吧！Let's go！

旅行小抄

汗蒸幕溫馨提醒

1.雖然汗蒸幕有益又好玩，但對體力的消耗較大，並不是每個人都適合，患有高血壓、低血壓、心臟病的人要特別注意，量力而為。

2.待在汗蒸幕房間，皮膚的毛孔會擴張，對外來的保養品特別吸收，大家不妨在大廳邊敷面膜邊睡覺，不要錯過黃金時間。

3.一些專門服務遊客的汗蒸幕(如：明洞)，大多提供全身的搓身按摩服務，價錢會比較貴，而一般的汗蒸幕只收取入場費，會按你其他需要再收費，比較彈性。

浸浴間

付費入場之後，店員會給你鑰匙、毛巾和衣服，第一站會先來到鞋櫃，記得一定要把鞋脫掉才能進去，再來把個人物品放進儲物櫃後，就可以去洗澡，沐浴後可以再浸浴，應該冷熱池互相交替去浸。因為浸浴會令水分流失，所以大家可以拍上汗蒸幕提供的潤膚露或買點喝的補充體力。

休息大廳

浸浴後人們大都會到休息大廳，這裡可以通往很多汗蒸幕房間，現在就是汗蒸幕時間啦。

熱療室

汗蒸幕房間的溫度、材料各異，但原理都是利用高溫把廢物和毒素通過流汗排出身體。汗蒸幕氣溫最高可達80度，必須用布覆蓋身體才能進去，而且不能逗留太長時間，以免身體負荷不了。

圖片提供/Helena

冰室

汗蒸幕有高溫的房間，也有低溫的冰室，一熱一冷，皮膚的毛孔擴張後收縮，能幫助回復彈性。

圖片提供/Helena

其他設施

韓國人可以在汗蒸幕待一整天,所以這裡的設施也很齊備,販賣部、閱讀室、兒童遊樂區、遊戲機當然少不得。

圖片提供/Helena

作者推薦

梨泰院Land
이태원랜드
Itawon Land

✉ 首爾市龍山區漢南洞732-20
☎ (02)7494112
🕐 24小時
💲 日間6,000 won、晚上8,000 won(不包括搓身按摩)
http www.itaewonland.com
➡ 地鐵6號線至梨泰院站,從3號出口步行5分鐘
MAP P.124

梨泰院Land是梨泰院其中一家著名的汗蒸幕,樓高5層,1樓是入口,2樓是浸浴間,3樓是休息大廳和不同療效的汗蒸幕房間,4樓是玩樂樓層,頂樓有可供休息的床位。梨泰院Land可說是實用與娛樂兼備的汗蒸幕,更曾是多套韓劇的拍攝地,近期的就有《祕密花園》,男女主角就是在這裡對換身分。因為梨泰院Land近年曾翻修,設施齊全,且價格公道,所以誠意推薦給大家。

HYUN-BIN

趣味體驗

可愛的造型羊咩咩頭

　　很多韓劇會在汗蒸幕取景，近期的像《祕密花園》，之前的《我叫金三順》裡面女主角就帶領了在汗蒸幕綁羊咩咩頭的潮流，自此韓劇中的女主角常以這個造型上汗蒸幕，樣子淘氣又好玩。所以綁著羊咩咩頭，在休息大廳邊躺、邊聊、邊吃的畫面，也是韓國的另一種獨特面貌。如果你也想學學韓國人，不妨看看下面的羊咩咩頭綁法教學，綁個羊咩咩頭，悠閒的與親朋好友享受汗蒸幕的甜蜜時光，再點些地道的紅豆冰、甜米露、熟雞蛋等補充能量的特色小吃，也是一種樂趣哦！

製作羊咩咩頭

Step 1

首先，我們要準備一條長方形的毛巾(忘了帶也不要緊，汗蒸幕會提供哦)

Step 2

接著把長方形的毛巾分成3個等分，把上面的第一等分摺疊下來

Step 4

然後，在毛巾的末端往外翻兩、三次，另一邊的做法也一樣

Step 3

再將下面的第三等分摺疊上去，變成更修長的長方形毛巾

Step 5

兩邊都翻好再略為調整形狀就完成了，是不是比想像中簡單呢？

成功！

Gangnam-

江南區

강남구
Gangnam-gu 강남구

概況導覽

江南是首爾70、80年代才發展的地區，那時候首爾江北的鐘路區和中區已有太大的人口壓力，於是韓國政府帶頭推動江南地區的住宅發展。這裡原本是農地，可發展的空間很大，發展速度驚人，現在首爾差不多有一半人口住在江南，紓解了江北的人口壓力，亦有不少外資企業或一些大集團的總部設立於此，譬如三星。

江南地區一般指江南區、瑞草區、松坡區，單單是江南區就有COEX MALL、新沙洞、狎鷗亭等多個購物地方，充滿現代化，與韓屋處處的鐘路區形成強烈的對比。而松坡區有個蠶室綜合運動場，亞運和奧運也曾在此舉辦，瑞草區則有高速巴士客運站，可通往韓國各地。

新沙洞
신사동
Sinsadon

新沙洞

✉ 首爾市江南區新沙洞
➡ 地鐵3號線至新沙站
🗺 P.135

　　首爾江北有個三清洞，江南則有個新沙洞，皆同屬氣質派的小區。新沙洞鄰近狎鷗亭，卻比狎鷗亭低調得多，沒有氣質高雅的旗艦店，都是一些別具一格的小店和餐廳，跟三清洞一樣，吸引了不少藝術家流連，其中可以看到畫廊。新沙洞的大街上種了很多大樹，夏天時在樹下邊散步邊逛街，感覺很舒服，所以有「林陰道」之稱。江南是韓國90年代開發的新區，購買力不容忽視，加上這裡的格調，開了不少名店特賣場，如：The Outlet、ILMO Outlet、Raum Premium Outlet 等，裝潢一點也不隨便，讓人想不到是專售歐美品牌的過季商品。

Gangnam-gu

狎鷗亭

- ✉ 首爾市江南區狎鷗亭洞
- ➡ 地鐵3號線至狎鷗亭站
- MAP P.135

　　狎鷗亭是江南區最高級的購物區，國際大品牌的數目多得數不清，在大街上隨意就可看到Salvatore Ferragamo、Gucci、Prada、Chanel、Louis Vuitton以及Hugo Boss、Cartier等，整個區都充滿強列的華麗感，甚至連經過的汽車都是名車。如果你有留意韓國明星，你一定對狎鷗亭不陌生，因為這裡正正是明星聚集的地方，他們也很喜歡在這區上酒吧，而且這裡有不少精美的髮廊，設有化妝服務，不少明星上節目前也會來這邊一趟。對國際大品牌感興趣者，可以來此區逛逛，否則，可以跳過這站。

亞洲最大地下商場

COEX MALL
코엑스몰

✉ 首爾市江南區三成洞159號
☎ (02)60000114
🕐 10:00～22:00
🌐 www.coex.co.kr
➡ 地鐵2號線至三成站，從5號出口即到
🗺 P.47

　　其實COEX原本是國際會議展覽中心，後來在2000年也開始營運COEX MALL，現為亞洲最大的地下商場，在提供國際會議和展覽場地之餘，也提供一個方便商家、買家、遊客的環境，無論是商場、酒店，皆一應俱全。COEX MALL主要為大眾化的品牌，美食廣場的價錢也不貴，整體的燈光柔和舒服，且COEX MALL可通往樂天百貨的免稅店，裡面會有些高檔品牌，可以滿足不同人士的需要。

　　除了嬰孩、結婚、家具用品等大型展覽外，也不定期舉行小型的展覽，有幸去過其中一個繪本展覽，內容豐富，陳列方法多元化，看得出舉辦的心思和熱忱。

旅行小抄

泡菜博物館

除水族館外，COEX Mall還有泡菜博物館，最有趣的地方是可以親手製作泡菜，不過記得買票時查詢體驗時間，錯過了就很可惜。

泡菜博物館　
김치박물관
Kimchi Field Museum

✉ 首爾江南區三成洞 159號COEX MALL Hall B2
☎ (02)60026456
🕐 10:00～18:00
💲 成人3,000 won、青少年2,000 won、兒童
　 1,000 won
🌐 www.kimchimuseum.co.kr

Gangnam-gu

韓國最大海洋館

COEX水族館
코엑스 아쿠아리움
COEX Aquarium

COEX mall內

✉ 首爾江南區三成洞159號COEX MALL Hall B1
📞 (02)60026200
🕐 10:00～20:00
💲 成人17,500 won、青少年14,500 won、兒童11,000 won
http www.coexaqua.co.kr
MAP P.47

COEX水族館是韓國最大型的水族館，門票的價錢不算便宜，水族館比較重視小朋友的教育和體驗，建議有小朋友的家庭旅客參觀。買票進場後會看到潛水員餵飼各海洋生物的時間(譬如企鵝、水獺、鯊魚等)，全都安排在下午時間，通常開餐時牠們最活躍，所以不妨留意一下時間。水族館的路線設計簡單，只要沿著路走，就可以把整個水族館看一遍。水族館創意滿分的地方一定是神奇魚世界，它把魚放到我們

日常生活的物品裡，在洗手檯、雪櫃、洗衣機、郵筒裡等，都是一些想不到可以養魚的地方，感覺很新鮮。

而兒童水族館很考慮小朋友的角度，要他們乖乖聽書是不可能的，水族館就讓小朋友從親身體驗中學習，與其說蜥蜴的舌頭很長、章魚的腳有吸盤、潛水時會有水壓，倒不如讓他們真的拉拉舌頭、感覺一下吸力、模擬潛水的模樣，而在體驗池，小朋友更能親手觸摸真的海星、貝類和海膽。除此之外，COEX水族館還有祕魯和智利的漢堡特企鵝、亞馬遜熱帶雨林的大型淡水水虎魚、

亞熱帶淡水魚、鯊魚等世界各地海洋生物等侯你的光臨。

融入韓國棒球趣味

蠶室綜合運動場
서울잠실종합운동장
Jasmil Sports Complex

- 📧 首爾市松坡區蠶室洞10號
- 📞 (02)22408801
- 🌐 www.koreabaseball.com
- ➡️ 地鐵2號線至綜合運動場站，從6號出口步行5分鐘
- 🗺️ P.47

蠶室綜合運動場是韓國最大的棒球賽場地，內外野均鋪有天然草皮。韓國的棒球賽氣氛很棒，不少人穿著棒球衣來，還拿著加油棒，隨著啦啦隊隊長的指示呼喊唱歌，有些家長還帶同子女一起支持自己喜歡的球隊，看棒球比賽也是韓國的家庭活動之一。令人驚訝的是，每一名球員也有1至2首打氣歌，要學會全部，絕不容易。另外，每局比賽之間，也有與觀眾互動的節目，例如：跳草裙舞，KISS GAME等。散場後很多粉絲聚集在門口等待球員，看來韓國的棒球員很受大家的歡迎。棒球常常打到觀眾席去，機會來到時，記得把球接好，以作留念。

最後大家要注意，大概是因為天氣太冷了，冬天12～2月完全沒有賽事，反而夏天的賽事非常緊密，4～9月中，除了星期一外，差不多每天都有賽事。

Gangnam-gu

購物名店

明星們的愛物

FARMER
파머

`新沙洞內`

✉ 首爾市江南區新沙洞546-17
☎ (02)5482545
🕙 10:00～22:30
🌐 www.thefarmer.co.kr
➡ 地鐵3號線至新沙站，從8號出口步行10分鐘
🗺 P.135

國際連鎖店每一間看來都大同小異，還是逛小店最有意思，如果你也鐘情於小店的氛圍，千萬要來新沙洞喔！我敢說新沙洞、三清洞、弘大絕對是首爾逛街寶地，沒有太多連鎖店，有趣小店卻多不勝數。近年人氣直升的飾物店Farmer就是在新沙洞起家，同一條街就有一大一小的Farmer，飾物全是手工製作，雖然價錢會比平常看到的貴，但款式絕不容易在街上看到，有些用料相當特別，例如羽毛；有些誇張大膽，非常適合去一些小舞會，甚至上電視，國民女演員河智苑、偶像組合Kara成員姜智英等韓星也常戴Farmer的頭飾出席公開場合。

小Farmer面積較小，只售賣飾物，而大Farmer的面積大得多，店前有一條走廊，走進去才發現大Farmer樓高3層，底層也是飾品部，而樓上則售賣衣服。跟飾品的風格相反，衣服比較簡約而容易配搭，質量也很不錯。

❖❖ 白天服裝、夜晚餐館

19番地

新沙洞內

✉ 首爾市江南區新沙洞546-17
📞 (02)534319
🕐 11:00～22:00
➡ 地鐵3號線至新沙站，從8號出口步行10分鐘
MAP P.135

19番地又是一間很有意思的小店，一開始是被它門前簷篷上的小鹿吸引，牠們形態不一，各自享受在簷篷的小天地。此時店員招呼我進店看，這裡的衣服以上身為主，風格比較簡約，但都是韓式常見的剪裁，簡單地配窄身褲，效果不錯。衣服的掛出只占了店鋪的一半，牆上放滿大大小小的酒瓶，原以為只是裝飾，怎料19番地根本就是一間酒館，白天兼職賣賣衣服，晚上搬出木凳子，搖身一變就是火鍋酒館，邊吃火鍋，邊喝酒，已經可以想像有多麼豪爽，不過19番地最大的魅力是它的變通，白天來喝酒的人少，與其空著、浪費空間，不如試試不同的東西吧。

美食餐飲

招牌搶眼的日本料理

Nekk Manma

네꼬맘마

新沙洞內

- 首爾市江南區新沙洞545-18
- (02)5170906
- 11:00～22:00
- 10,000～15,000 won
- 地鐵3號線至新沙站，從8號出口步行10分鐘
- MAP P.135

新沙洞有太多精緻的餐廳，如果單單被它的外表吸引進去，有時候價錢真的會讓人荷包大失血喔，所以有禮貌地要求先看看餐牌也是其中一個好方法。Nekk Manma是新沙洞一家日本餐廳，價錢以新沙洞來說不算太昂貴，不過注意這裡會收取10%服務費。門口很醒目，招牌用上搶眼的粉紅色，還有隻可愛小貓咪。室內的環境也不錯，燈光柔和，透過落地玻璃可看到街景，感覺地方很大，也可在店裡看到日本師傅現做壽司的模樣，受到韓國少女的歡迎。

旅行小抄

華麗質感的咖啡廳

新沙洞跟三清洞有不少相似的地方，最明顯的是大家都有很多漂亮咖啡廳，Nekk Manma對面就有一家樓上咖啡廳，裝潢講究，用上華麗的燈飾，而且還有露台的座位，帶點歐陸風情。

國際知名品牌的故事

深度特寫

　　狎鷗亭有不少歷史悠久的歐洲名牌專門店，甚至旗艦店，它們在國際舞台上屹立不倒，擁有自己的優勢，它們的故事有時候比本身的產品更傳奇。

義大利 Salvatore Ferragamo 1927

www.ferragamo.com

製時10天的鞋子

　　Salvatore Ferragamo出生於義大利南部的小鎮，長大後在美國從事補鞋工作，製造的鞋子得到影圈人的賞識，連瑪麗蓮夢露也是他的粉絲。為了造出更舒適的鞋子，他進修人體解剖學，回到義大利開設自己的品牌專門店。80多年後，Salvatore Ferragamo的每雙鞋仍要花上10天縫製，產品的類型更擴展至時裝、手袋等。

MAP P.135

www.prada.com

蔚為風潮的降落傘包包

義大利 Prada 1913

　　Mario Prada創立品牌的時候，正值貿易商旅頻繁的時期，他針對旅行而推出一系列的皮製旅行用品，從不同國家進口稀有的材料，再於德國生產，質量為它帶來名氣。直到70年代，Prada因趕不上營商環境的變化而面臨破產的危機，繼任者嘗試使用空軍降落傘的尼龍布料製作包包，意外地輕巧、耐用，蔚為風潮，成為Prada的代表作之一，大膽的嘗試讓它逃過破產一劫。

MAP P.135

法國
Louis Vuitton
1854

www.louisvuitton.com

迷倒皇室的質感

　　LV是奢侈品品牌的代表之一，受惠亞洲市場的發展，即使發生金融海嘯，銷售增長也勢不可擋。LV從一開始就是主打高檔皮具和旅行箱，創辦人Louis Vuitton原本只是在巴黎幫忙貴族整理行李，但他極具洞察力和執行力，從工作中發現圓頂旅行皮箱的不便，設計了平頂旅行皮箱，為了不易於仿製，常常帶來獨特的布料或細節，連其他國家的皇室人員也被它迷倒，要專程訂製它的旅行箱。

MAP P.135

www.gucci.com

來自「馬」的設計靈感

義大利
Gucci
1906

　　Gucci和Prada有很多相似的地方，譬如都是義大利品牌、都在差不多的時期創立、都以皮製用品起家等等。最有趣的地方是Gucci一開始也有經營馬鞍，而其中2樣經典設計細節也跟馬很有關係，第一個是多用在包包和鞋履上的馬銜鏈，而第二個是綠紅綠的花紋，靈感來自固定馬鞍的飾帶。

MAP P.135

法國
Cartier
1847

www.cartier.com

夢寐以求的腕錶

　　以上介紹的國際品牌中，以Cartier的歷史最久遠，世界上第一隻腕錶是由其設計，鐘錶產品既耐用又保值，除了鐘錶外，也一直致力製造高級珠寶，更是多國皇室的珠寶供應商。當中又以Cartier情侶系列的戒指和手鐲深受明星的鐘愛，連帶亞洲的女孩們也幻想可以從男朋友手上收到。

首爾近郊
小旅行

利川	P.148
南怡島 · 春川	P.154
安養	P.160

利川
이천
Icheon

MAP P.2

利川市位於首爾東南部，是個動靜皆宜的多元化城市。於朝鮮王朝，利川就已經是韓國的傳統陶藝的中心，很容易就可以買到陶瓷的原料和顏料，而且泥土、木頭及水源都很適合製作陶瓷。時至今日，利川陶藝村仍是陶藝店最集中的地方，不單止是看陶瓷、買陶瓷，還可以看到師傅們埋首工作，甚至可以自己動手做（P.150）。另外，利川每年4月期間也會辦利川陶瓷節，希望將韓國的陶藝文化藉此宣揚給更多人認識。

除了陶藝靜態一面外，利川也有刺激好玩的一面，就是滑雪和水上樂園。芝山森林度假村是利川的自然滑雪場，每年冬天很多韓國小朋友會特意來學習滑雪。在一天旅程完結後，最享受的就是泡溫泉，利川溫泉樂園當然少不了不同療效的溫泉和汗蒸幕，若不習慣脫掉衣服跟陌生人泡溫泉，這裡也有室外的水上樂園。

韓國陶瓷館
한국도자관 이천도예촌 거리뷰

雕工精細的高麗青瓷

✉ 京畿道利川市Saeumdong544-23(陶藝村內)
☎ (031)6345100
🕘 09:00～20:00
http www.dojakwan.com

陶瓷文化從中國傳入，韓國吸收後注入自己的特色，當中以高麗青瓷在世界最有名。對於外行者來說，或許看不出韓國和中國陶瓷的分別，幸得一位熱心的利川陶藝工藝者向我們講解：韓國工藝者擅長於雕刻，而中國工藝者擅長於繪畫。用黏土做成器皿後，韓國工藝者多在半乾的表面進行雕刻，燒製後會再加工，厲害之處在於摸上去非常平滑，完全看不到曾雕刻過的痕跡。

另外，人們認為高麗青瓷的顏色獨一無二的顏色，台灣國立歷

史博物館曾以「天青・秘色」作為高麗青瓷展的主題，所以大家在陶藝村參觀時可以多點留意陶瓷的紋理和色澤。陶藝村入口的韓國陶瓷館是大型的陶瓷店，陶瓷的款式和數量也很多，工作室和店鋪連在一起，還可以看到師傅們的工作情況。

旅 行 小 抄

交通指南：如何從首爾市區到利川

首爾有2個巴士客運站可乘車到利川，第一個是地鐵3號線和7號線的江南高速巴士客運站，7號或8號出口可到湖南高速巴士客運站，第二個是地鐵2號線的江邊站，4號出口可到東首爾市外巴士客運站，車程約1小時，車費為4,400 won。利川市外巴士客運站對面有巴士站，可以坐車到不同的地方，如果怕坐巴士言語不通，也可考慮坐計程車，車費約7,000～17,000 won。利川陶藝村、利川溫泉樂園、芝山森林度假村之間的距離不遠，相距車程在20分鐘以內，建議可以3選2作1天遊。

巴士號碼	途經景點	車程
24、24-1、24-2、24-7、114號	利川陶藝村 (站名為사음2동도예촌)	15分鐘
16-1號	利川溫泉樂園 (站名為新葛里馬玉農協)	20分鐘
12號	芝山森林度假村	30分鐘

利川市外巴士客運站
이천종합터미널
Icheon Bus Terminal

✉ 京畿道利川市十字路口468-7
☎ (031)6355831
🕐 06:00～22:00
http www.icheonterminal.kr

利川溫泉樂園
이천테르메덴 **Icheon Termeden**

✉ 京畿道利川市暮加面新葛里372-1
☎ (031)6452000
🕐 08:00～20:00
💲 週日：成人25,000 won、13歲以下18,000 won；
週末：成人29,000 won、13歲以下21,000 won
http www.termeden.com

利川陶藝村
이천도예마을
Icheon Ceramic Village

✉ 京畿道利川市新屯面水廣里153
☎ (031)6442061

芝山森林度假村
지산 포레스트 리조트
Jisan Forest Resort

✉ 京畿道利川市麻長面蟹越里28-1
☎ (031)6388460
🕐 07:00～04:00(16:30～18:00為滑道保養時間)
💲 白天46,000 won、
半天34,000 won、
晚上38,000 won、
用具租借32,000 won
http www.jisanresort.co.kr

陶藝村有什麼要試?

試 手作陶瓷體驗

利川陶藝村有80多家陶瓷店,大多採用「前店後工場」的形式。為了讓更多人認識這門手藝,很多陶瓷店也提供陶藝體驗的小課堂,價錢約20,000 won,時間則視手腳的快慢。其實陶瓷有很多不同的做法,而陶藝村的體驗大多以手拉坏法為主,就像電影《第六感生死戀》裡面男女主角做陶瓷的經典場面似的。把黏土以手拉坏法做成器皿的形狀,要待它自然乾後,再塗上一層釉藥,才能拿去燒製,變成堅固耐用的陶瓷。

Duseong 陶瓷課室
두성도예교실

體驗製作陶瓷的樂趣

✉ 京畿道利川市Saeumdong544-6(陶藝村內)
📞 (031)6320130
🕐 10:00～18:00
💲 陶藝體驗20,000 won(包本地郵費)
http www.dusung.net

Duseong陶瓷課室的老師傅是著名的陶瓷工藝者,曾兩度被電視台SBS介紹,而他的女兒也會在陶瓷課室邊創作、邊教學,也有在國際學校教陶瓷製作的經驗,所以不用擔心語言問題。對初學者來說,拉坏一點也不容易,得要非常專注,老師會跟你一起拉,讓你感受每個過程。完成整個成形過程後,我們就可以拿起雕刻

筆自由發揮，或是跟著課室提供的教材去畫。雕刻筆的一端是尖的，用來勾畫線條，另一端是扁平的，可以用來修補瑕疵。雕刻的功夫也很累人，難怪陶藝村的陶瓷作品這麼貴，因為絕大部分是人手製，每一個也是陶瓷製作者的心血，價錢不能跟用機器做的去比較。

陶器製作
Step by Step

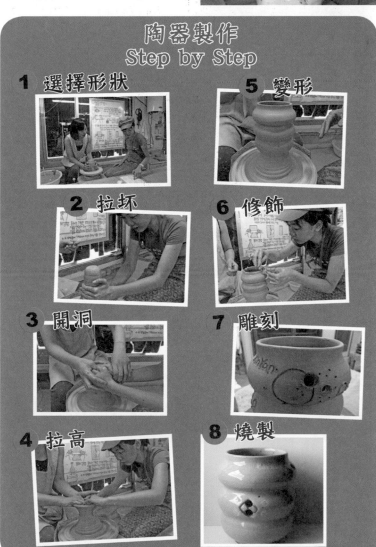

1 選擇形狀

2 拉坯

3 開洞

4 拉高

5 變形

6 修飾

7 雕刻

8 燒製

利川市有什麼要吃?

吃 最棒好米在利川

韓國人是無飯不歡的民族,甚至早餐也要吃一大碗米飯。利川的大米被公認為韓國最棒的,收割期有充足的陽光、日夜溫差較大,有利大米生長,加上這裡的泥土、地下水都很適合種植大米,所以利川米從朝鮮王朝時,就已經得到君主的喜愛。利川米的特點是富有光澤、較有黏性,有人為了它而專程來到利川。如果大家嘗過喜歡的話,還可以買些小包裝的利川米帶回家。

因為利川米聞名全國,這裡的韓定食很著名。韓定食是一種傳統宮廷料理,基本小菜最少也有10多種,放滿桌子的效果很震撼,材料、顏色豐富,甚至連烹調技巧也多元化。韓定食較著重材料原本的味道,調味較清淡,不吃辣的人有福了。

清風明月韓定食
청풍명월

多樣配菜的定食套餐

- ✉ 京畿道利川市十字路口468-7
- ☎ (031)6371616
- ⏰ 11:00~22:00
- 💲 12,000~20,000 won
- ➡ 從利川市外巴士客運站步行5分鐘,餐廳在美蘭達酒店(미란다호텔)附近

充滿活力、創意的利川學生

　　有位韓國朋友在利川當高中數學老師，她知道我要寫韓國旅遊書，就邀請我來動靜皆宜的利川。從她口中得知，韓國學生的競爭愈來愈激烈，下課後還要應付長時間的補習班，老師和學生平均要晚上8、9點才能真正下課，老師和學生把大部分的時間、精神也花在學習上，有些成績優異的學生更被安排住在學校宿舍，為求減少交通時間，爭取更長的溫習時間。不禁心中暗想，在這種沉重的壓力下學習成長，難道韓國學生大多是書呆子？不過，我卻在市中心看到感覺不一樣的利川學生，他們都充滿著活力和創意。在市中心大街有學生擺攤位，他們友善有禮，邀請路人參加投擲比賽，獲勝後可得到他們自製的洗碗布，還有身體彩繪、自製果實夾子、自製香皂等體

驗，全都是利川學生自己動手做出來的。另外，他們每個週末都會在利川市中心的明洞大街上辦二手市場，把家裡用不上的拿到街上賣，有衣服、書本、洋娃娃等，環保之餘又可賺點零用錢。從韓國學生身上，最能體驗到讀書時讀書、玩樂時玩樂吧！

　　清風明月韓定食是利川市其中一家著名的餐廳，每個定食套餐均配豐富的泡菜、沙拉、韓式粉絲、煎餅、涼拌蘑菇、大醬湯等等，有些蔬菜真的見也沒見過，味道、質感也很新鮮。主菜有魚有肉，但重點是飯，這裡的飯用石鍋煮，配上黑豆，令白飯的營養更豐富。把飯吃光後，還剩一點飯黏在鍋底，韓國人會加入熱水當粥吃，一點也不浪費白米。

除主菜外，配菜可以免費任加，嘗到喜歡的可以再請店員添加。

南怡島 春川
남이섬 · 춘천
Nami Island & Chuncheon

MAP P.2

南怡島是一個被江水淹沒而成的半月形小島，位於首爾的東北部，因朝鮮王朝的南怡將軍葬於島上而得名，卻因為韓劇《冬日戀歌》而在亞洲國家聲名大噪。就算是平日，也可以看到一大群亞洲遊客慕名而來，當然少不了來旅行的韓國大學生。南怡島的四季景色怡人，很多遊客喜歡來散步、野餐、騎單車，是個感覺非常遊閒小島。

除了島上本身的景色外，南怡島近年更以「童話世界、音樂之島」作為發展主題，滲入不少童話、音樂的元素，感覺是個為小朋友而設的世外桃園。南怡島的代表理事康禹鉉曾修讀及從事設計，更曾獲得多個國內、外的兒童圖書獎項，南怡島也有不少充滿藝術感的作品，以及為小朋友而設的細節。另外，南怡島島上住了很多不同的鳥兒，牠們的速度飛快，肉眼不一定能輕易看到牠們，但一定會看到由加拿大出版社捐贈給南怡島的鴕鳥。

Nearby Attractions

旅行小抄

交通指南：如何從首爾市區到南怡島

從首爾市中心坐地鐵京春線到加平站(가평)，只需1小時30分鐘，再從地鐵加平站1號出口坐巴士可直達加平碼頭；最後再坐5~10分鐘船就可以來到南怡島。而加平和京春線總站春川站(춘천)相距半小時，而春川明洞又是著名的食街，建議大家可以把這2個地方編在同一天的行程。靜觀樓是南怡島上的一家酒店，雖說是酒店，但這裡每間房間都有不同的設計或賣點，可以在網頁先行瀏覽，在島上投宿有個好處，就是可以在遊客離去後獨享島上的寧靜。

南怡島酒店

如何從首爾市區到春川

從首爾市中心坐地鐵京春線到京春線總站春川站(춘천)，約需2小時，如果從地加平站(가평)過來的話，只需半小時。

南怡島 남이섬 Nami Island

- ✉ 江原加平郡加平邑達田里144號
- ☎ (031)5808114
- 🕐 07:30~21:40
- 💲 成人8,000 won、學生、70歲以上者 4,000 won(已包往返船費)
- http www.namisum.com

靜觀樓 정관루 Naminara Hotel

- ✉ 江原加平郡加平邑達田里198號(南怡島內)
- ☎ (031)5808000
- 💲 雙人房77,000 won起
- http www.nanyidao.com/namihotel

南怡島有什麼要遊？

必遊 1 出入境管理所及碼頭

來到加平碼頭，要先在出入境管理所買船票，原來南怡島被營造成韓國境外的夢幻島；韓國南怡共和國，連工作人員的制服也帶有探險歷奇的感覺。短短5~10分鐘的船程我們就來到南怡碼頭，立即看到玻璃瓶做的樹型裝飾和超市，其實南怡島上其他地方也有不少藝術擺設。

南怡碼頭不遠處有個花石亭及花石園，花石園顧名思義是由石頭堆砌的花園，石頭真的搭得很高，而典雅的花石亭竟是飲料店。

必遊 2 UNICEF小火車站

小小的南怡島上也有火車通行，雖然從碼頭到水杉路的車程不長，走路的話大概只需15分鐘，但2,000 won的單程車費會全數捐贈給UNICEF，而且對帶著小孩的家庭來說，火車帶來不少便利。小火車站一邊有個音樂博物館，除了可以免費看到世界民族樂器展示館裡的傳統樂器外，還可以在每天特定時間欣賞到韓國夫妻組合日和月的現場音樂表演。

中央紅松路及餐飲區 必遊 3

小火車站另一邊就是中央紅松路，走過這段長長的紅松路後，就是餐飲區。這裡有好幾家不同風格的餐廳，有韓式餐廳、西式咖啡廳、也有為日本遊客而設的日本拉麵店。

必遊 4

UNICEF HALL

除了小火車項目外，UNICEF也在南怡島設立了小小的展館，韓國著名演員元斌也曾參與UNICEF在非洲的探訪，展館也有展出當中的相片，希望能引起大家對發展中國家兒童生活的關注，大家不妨按自己能力作出幫助。

知識充電站

何謂UNICEF

UNICEF的中文名稱為聯合國兒童基金會，是國際性的志願機構，工作得到肯定，曾在1965年獲得諾貝爾和平獎。UNICEF主要的服務對象是發展中國家的婦女和兒童，具體的重點工作包括提供教育機會、疫苗注射、預防愛滋病等，從而改善他們的生活素質。

必遊 5

圖書館及安徒生館

南怡島真的好像是個為小朋友而設的夢幻島，圖書櫃放在小島上的不同角落，而且設計得很可愛，又設有凳子，鼓勵小朋友閱讀，甚至在洗手間也看到圖書呢！除此之外，南怡島還會不定期舉辦南怡島童書節。

必遊 6

水杉路

南怡島上種滿了不同的樹木，但說到地標，必定非水杉路莫屬。究竟水杉路有什麼特別的地方呢？都是韓劇的魔力，這段路是《冬日戀歌》的經典拍攝場地，男、女主角曾在此騎單車，是遊客必定拍照留念的地方。不過，就算沒看過劇集，一列高聳入雲的水杉樹道真的很引人注意，而且不論季節都很好看，是散步的好地方。

南怡島‧春川

劇照攝於春川市南怡島

單車遊全島

雖然南怡島的面積算不上很大，但光是用腳走一圈，還是要2個多小時，所以島上有單車相用，位置在餐飲區附近，不過費用不便宜，每半小時就要3,000 won，1小時則5,000 won。

春川有什麼要看？

看 ## 木偶劇

木偶、木偶，不一定只限於木製，也可用不同的材料製成，譬如：金屬、泥土、布料、陶瓷所造成的玩偶也可叫作木偶。台灣的布袋戲也可說是木偶劇的一種。雖然木偶劇是世界各地不同國家的傳統文化，但形式、內容不一，原來以前亞洲的木偶劇有驅邪的作用，所以木偶劇帶有宗教色彩，而歐洲的木偶劇多與莎士比亞的作品有關，吸引了中產階層的青睞，現在很多遊客到布拉格也會去看木偶戲。

春川木偶劇場
춘천인형극장
Chuncheon Puppet Theatre

欣賞傳統木偶劇

- ✉ 江原道春川市司農洞277-3
- 📞 (033)242845
- 🕐 09:00～17:00
- 休 週一
- http www.cocobau.com
- ➡ 地鐵春川站坐12-1、31號巴士到春川木偶劇場，車程約15分鐘

春川木偶劇場是韓國最大型的木偶劇場，差不多每天都有木偶劇的表演，讓小朋友從小就能接觸藝術文化。每年8月期間還會舉辦春川木偶劇節，世界各地的木偶劇團會來表演。木偶劇場旁邊還有個木偶博物館，展出200多個韓國及海外的木偶，木偶種類繁多，譬如，有靠繩子操作的提線木偶、把木偶套在手上直接操作的掌中木偶、利用燈光剪影的皮影戲等等。這裡還展示了木偶的物料和製作過程。

春川有什麼要吃的？

清爽可口蕎麥麵

春川以前有很多養雞場，春川居民用雞做出著名的菜式炒辣雞，春川明洞(춘천명동거리)還有條小街專吃炒辣雞呢！春川市規定價錢要統一，每份售10,000 won。其實除了炒辣雞外，春川蕎麥麵也很值得大家試試看。位於江原道的春川出產大量蕎麥，春川居民把它拿來做冷麵，配上蔬菜、辣醬、芝麻，感覺很清涼舒服，特別適合夏天吃。另外，橡子凍也是春川有名的冷菜。3款菜式均可以在春川明洞找到，從地鐵春川站可以坐巴士或走路過去，路程約15分鐘，非常方便。

春川橡子凍、蕎麥麵

安養
안양
Anyang

MAP P.2

安養市位於首爾南部，是一個被山峰圍繞的城市，西南部有修理山，北部有冠岳山、三聖山，當中冠岳山是著名觀賞日出的地方。安養市有山有水，有利早期的農業和工業發展，也形成人民聚居生活的地方，市場、交通、休閒、醫療等設施齊全。安養市的位置剛好是首爾和京畿道首府水原之間，安養站與水原站均在地鐵1號線，僅有7個車站之距，交通便利。

安養市的憩靜吸引不少韓國人從首爾來旅遊，但我要介紹的並不是這裡的自然，而是安養藝術公園。安養藝術公園和日本箱根的雕刻之森有相似的地方，均提供廣闊的戶外空間展覽大型的藝

安養藝術公園
안양예술공원
Anyang Art Park

✉ 京畿道安養市萬安區安養2洞 一帶
☎ (031) 3895550
🕐 24小時
💲 免費
http www.anyang.go.kr

術作品。安養藝術公園占了一個山頭，大家可以把它想像為郊野公園，甚至小森林，把整個公園完整地走一遍，差不多要3小時，公園把郊遊、遠足的體驗與藝術教育結合，所以也吸引了熱愛大自然的韓國人來露營、野餐。

Nearby Attractions

安養藝術公園有什麼要看?

必看 1 Architeutis橋

創作者：義大利Studio Elastico

從形態上來看，這座橋就像一條飛躍中的龍。橋的另一端並沒有連接地面，嚴格來說，它是純藝術性質的橋，並沒有實際用途，但可見安養市對藝術品的開放與包容性。

旅行小抄

交通指南：如何從首爾市區到安養

雖然安養市並不是位於首爾市之內，但也是首爾地鐵覆蓋的範圍之內，從市中心坐1號地鐵線到安養站，約需1小時。因為藝術公園附近的餐廳價錢比較貴，建議大家在地鐵站附近的餐廳先吃午飯，當然我更推薦大家買些壽司、三明治、果汁到公園野餐去。

安養地鐵站外有個巴士站，坐2號巴士到總站安養藝術公園即可，車程約15分鐘。如果怕坐巴士言語不通，也可考慮坐計程車，車費約5,000 won。為了避免大家晚上在公園裡迷路，建議在入黑前離開公園。

異形塔Misfit Tower

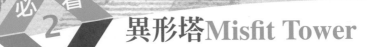

創作者：法國Didier Fiuza Faustino

在安養藝術公園下車後，第一個映入眼簾的就是異形塔。附近都是1至2層的平房，3、4層高的異形塔顯得相當突出。它主要由3個大小不一的方盒組成，由樓梯連貫，沿著樓梯可通到眺望台的頂層。Didier Fiuza Faustino在2008年與Hermes合作的移動藝術館H-Box剛好也是以盒子作主題，看來他對盒子情有獨鍾。

3D鏡子迷宮3-Dimensional Mirror Labyrinth

創作者：丹麥Jeppe Hein

雖然作品叫作迷宮，但設計簡單。在3個圓圈裡，絕對不會迷路，那為何叫作迷宮呢？迷宮的柱子全由鏡子做成，從鏡子可以看到周遭的自然環境，巧妙地融入自然。在迷宮裡你會看到無數個自己、遊人的倒影，每個人都是迷宮裡的演員，充滿電影的魔幻感，分不清什麼才是虛幻，什麼才是真實。滑梯椅子也是Jeppe Hein的作品。

必看 4 舞佛 Dancing Buddha

創作者：法國 Gilbert Caty

微笑的佛像單腳站立，只要把他推一把，他就會團團轉的起舞。就算是小朋友，也有足夠的力氣做到，可以和佛像跳舞。這個作品以輕鬆的感覺呈現佛像，或許是比喻人生在世，常被俗事煩擾，很容易被弄得團團轉，與其終日輾轉反側，倒不如活在當下。

必看 5 光之屋 House of Light

創作者：德國 Wolfgang Winter & Berthold Horbert

建築師 Wolfgang Winter & Berthold Horbert 擅長於以意想不到的再生材料去搭建盒子屋。德國人愛喝啤酒，光之屋就以五顏六色的啤酒膠箱搭建而成，主色是啡、黃、果綠色，配以少量灰色、深藍色，就像一間積木屋。陽光可透過啤酒膠箱的隙縫灑進屋內，故屋子名字叫作 House of Light。

必看 6 記憶空間 Space of Memory

創作者：韓國 Kim Seung Young

大型展示作品，以一列書櫃組成狹窄的時空隧道，上蓋是詭異的黃色，空間置於森林間，感覺像把記憶封存在這裡，不知道大家會怎樣理解這作品呢？

安養之巔Anyang Peak

創作者：荷蘭 MVRDV

安養之巔可說是安養藝術公園的地標，從遠處看是一座瞭望塔，一層比一層窄，形態參考了附近的山峰。從塔底去看，你會很清楚看到扭曲旋轉、並非樓梯的步行道，沿著以木板鑲成的平緩小道，你會登上塔頂。從塔頂遠眺，可以看到一大片的山林景和巴士站附近的平房，每一棟都不一樣，還會不定期舉行展覽會。

Re. Vol. Ver.

創作者：德國Hermann Maier Neustadt

Hermann Maier Neustadt早於2001年就以強化的玻璃纖維打造水管形的空間，Re. Vol. Ver.是由2條水管交錯組成的空間，一條是紅色方形，另一條是黃色圓筒形，運用半透明的物料，就像森林裡的祕密基地。

知識充電站

何謂MVRDV

荷蘭人腦子充滿創意，勇於創新，荷蘭的設計建築在世界有名，而MVRDV是1991年由3位年輕的荷蘭建築師成立的建築事務所，雖然成立的時間不算長，但作品受到國際關注，是現時荷蘭最有影響力的建築事務所之一。他們最為人熟悉的作品是為老人而設的公共房屋WoZoCo，部分單位、房間、廳堂從主建築樓伸出來，底下沒有支撐物，像露台一樣，作家西西把它形容為空中樓閣，從四面八方去看，都不一樣。

Nearby Attractions

實不相瞞，藝術公園路口很低調　玩家交流

　　雖然安養藝術公園已辦了3屆公共藝術計畫，但公園在非活動期間的外語指示並不清晰。來到地鐵站查詢時，職員也不知道有這個公園，不過還是很樂意協助查詢巴士號碼。來到藝術公園後，卻找不到公園的入口，只見其中2個大型藝術展品，幸好遇上會中文的阿姨帶路。無論如何，這個藝術公園還是很值得喜歡設計的朋友來，所以我得好好在這裡介紹。另外，大部分的展覽作品只有簡單的介紹，如：作品名稱、藝術家的名字和國家，所以大家可以自由地以個人的想像去解讀創作背後的意念。

必看 9

安養神社
Anyang Shrine

創作者：印尼Eko Prawoto

印尼建築師Eko Prawoto，在南亞地震後致力研究如何把竹子、稻草、椰子樹等本地材料建造具避震功能的屋子，好讓暫時未得到政府資助的人民能負擔起重解家園的費用。安養神社也大量運用了竹子，與大自然融為一體，充分利用天然光。或許安養神社是藝術公園裡用料最簡單的作品，但卻充分利用國家現有的資源去設計，從而一步一步改善人民生活，而不是建了豪華的房子，但卻沒人可以負擔。

首爾
住宿情報

metro HOTEL
MYUNGDONG

메트로호텔

預訂酒店溫馨提示

1. 如果打算以地鐵作爲主要的交通工具，必須留意酒店與地鐵站之間的距離。首爾的地鐵四通八達，只要鄰近地鐵站已經很方便了。

2. 如果你喜歡韓國傳統文化，就不要選江南的酒店。江南地區一般比較現代化，有些是專爲商務而設的高級酒店，沒有必要每天都一來一回的走。

3. 首爾的五星級豪華型酒店一般每晚250,000 won以上；其他酒店一般每晚100,000～200,000 won。

4. 如果住宿預算較低，而又希望擁有私人空間，可考慮設有單人房和雙人房的旅館。

5. 7～8月、12月是首爾的旅遊旺季，最好提前預定房間。

酒店	鄰近地鐵站	電話	網址	星級
Ritz Carlton Hotel	江南	(02)34518000	www.ritzcarlton.com	★★★★★
Grand Intercotinetal Seoul Parnas Hotel	三成	(02)5555656	www.seoul.intercontinental.com	★★★★★
Lotte Hotel World	蠶室	(02)4197000	www.lottehotelworld.com	★★★★★
Lotte Seoul Hotel	乙支路1街	(02)7711000	www.lottehotelseoul.com	★★★★★
The Shilla Seoul	東國大學	(02)22333131	www.shilla.net	★★★★★

酒店	鄰近地鐵站	電話	網址	星級
Ramada Seoul	江南區廳	(02)62022000	www.ramadaseoul.co.kr/eng	★★★★
IP Boutique Hotel	梨泰院	(02)37028000	www.ipboutiquehotel.com	★★★★
Acacia Hotel	乙支路4街	(02)22774917	www.hotelacacia.co.kr	★★★★
Hotel Capital Seoul	梨泰院	(02)63992000	www.hotelcapital.co.kr	★★★
Metro Hotel	乙支路1街	(02)7521112	www.metrohotel.co.kr	★★

背包客廉價旅館/青年旅舍

韓國的背包客廉價旅館或青年旅舍大多稱爲Guesthouse，有些主要對象爲韓國本地年輕人和來首爾準備考試的學生，較容易滿位，有些的主要對象爲海外遊客，訂房間會比較容易。

Windroad Guesthouse
윈드로드 게스트하우스

- ✉ 首爾市鐘路區明倫洞3街85-5
- ☎ (02)64072013
- 💲 單人床位12,000～18,000 won、單人房28,000～33,000 won、雙人房34,000～40,000 won、4人房76,000～88,000 won
- http www.backpackerkorea.net
- ➡ 地鐵4號線至惠化站，從4號出口步行10分鐘
- MAP P.56

Windroad Guesthouse位於成均館大學附近，雖然要走10分鐘才能到地鐵站，但這裡有住在韓國小區的感覺，門外拐個彎就是小吃街。而地鐵站一帶是著名的大學路，小店多的是，晚上也有很多小吃攤、占卜攤什麼的。老闆是韓國人而老闆娘是中國人，會說中文，兩個人都非常有趣。Guesthouse裡還有個小庭園，晚上回來後也有地方跟其他旅客聚聚。

Accommodations

Seoul Backpacker Myeongdong
명동호스텔

✉ 首爾市鐘路區茶洞114
📞 (02)36721971
💲 單人床位22,00 won、單人房50,000 won、雙人房60,000 won，旺季會有附加費
http www.myeongdonghostel.com
➡ 地鐵2號線至乙支路1街站，從2號出口步行5分鐘
MAP P.82

Seoul Backpackers在首爾有好幾家店，其中Banana Backpackers和明洞店設有多人間單人床位，但前者裝修中；而後者的位置極佳，

極近明洞，10分鐘的路程就可以走到仁寺洞。Seoul Backpacker明洞店於近年才開業，設施新淨，基本的都齊全。

其它 Guest House

酒店	鄰近地鐵站	電話	網址	價錢
Doo Guesthouse	安國	(02)36721977	www.dooguesthouse.com	50,000 won起
Beewon Guesthouse	安國	(02)7650670	www.beewonguesthouse.com	19,000 won起
Yim's House	安國	(02)7473332	www.seoulbusinesshotel.com	40,000 won起
Guesthouse Korea	安國	(02)36752205	www.guesthouseinkorea.com	18,000 won起
Seoul Guest House	安國	(02)7450057	www.seoul110.com	40,000 won起
StayKorea Hostel	弘益大學	(02)3369026	www.staykorea.co.kr	19,000 won起
Kimchi Hongdae Hostel	弘益大學	(02)60826059	www.wowgh.co.kr	20,000 won起
明洞 Guesthouse	明洞	(02)7555437	www.mdguesthouse.com	35,000 won起
Jin Guesthouse	忠武路	(02)22644622	www.jinguesthouse.com	19,000 won起
Travelers A	乙支路4街	(02)22855511	www.travelersa.com	40,000 won起

Jeju
濟州
分區導覽

제주시

城市印象	P.173
交通概況	P.174
濟州新體驗	P.179
濟州市	P.188
西歸浦市	P.212
濟州住宿情報	P.234

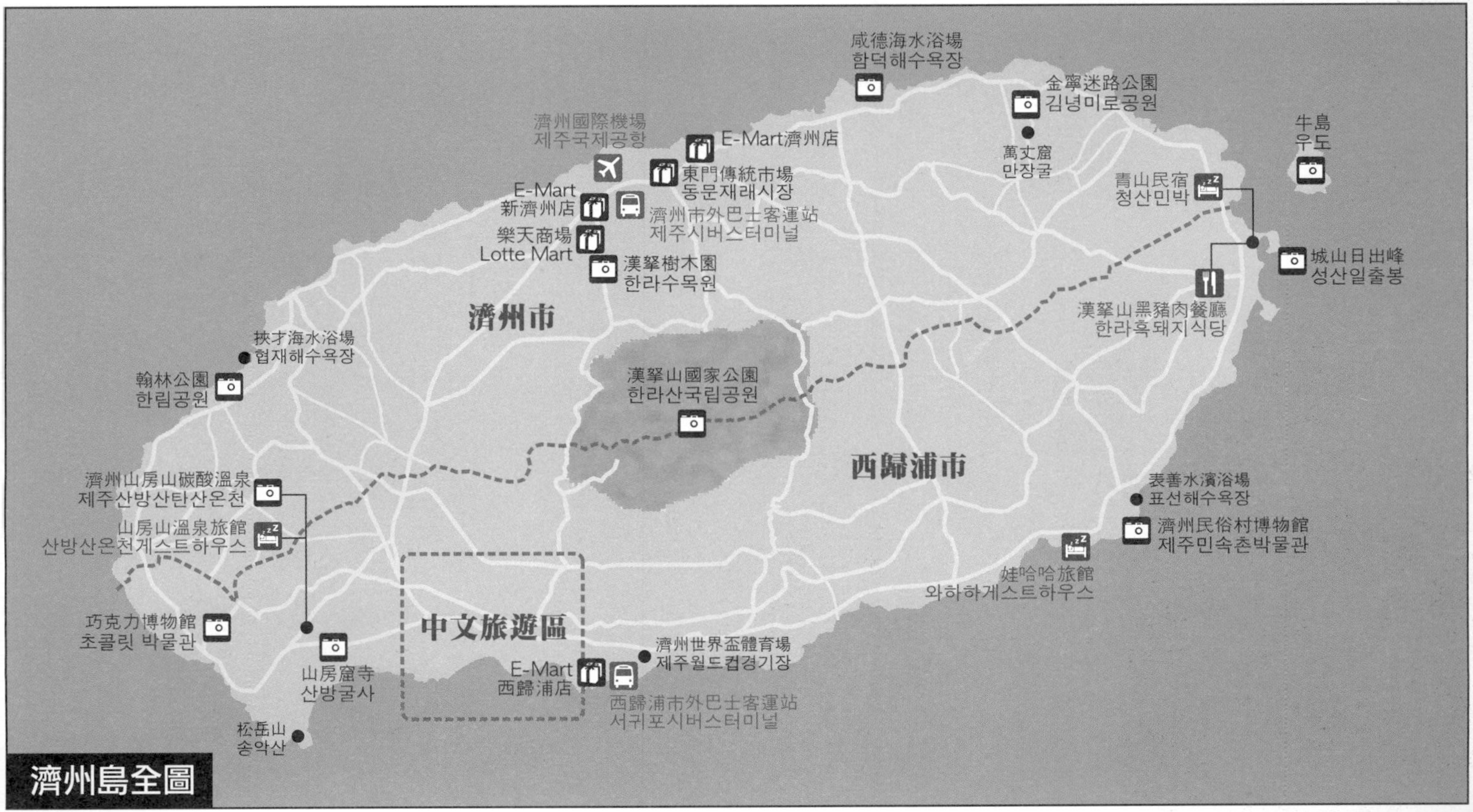

濟州島全圖
咸德海水浴場
함덕해수욕장
金寧迷路公園
김녕미로공원
萬丈窟
만장굴
牛島
우도
濟州國際機場
제주국제공항
E-Mart濟州店
東門傳統市場
동문재래시장
E-Mart
新濟州店
濟州市外巴士客運站
제주시버스터미널
樂天商場
Lotte Mart
漢拏樹木園
한라수목원
青山民宿
청산민박
城山日出峰
성산일출봉
漢拏山黑豬肉餐廳
한라흑돼지식당
濟州市
挾才海水浴場
협재해수욕장
翰林公園
한림공원
漢拏山國家公園
한라산국립공원
西歸浦市
表善水濱浴場
표선해수욕장
濟州民俗村博物館
제주민속촌박물관
濟州山房山碳酸溫泉
제주산방산탄산온천
山房山溫泉旅館
산방산온천게스트하우스
娃哈哈旅館
와하하게스트하우스
巧克力博物館
초콜릿 박물관
中文旅遊區
濟州世界盃體育場
제주월드컵경기장
山房窟寺
산방굴사
E-Mart
西歸浦店
西歸浦市外巴士客運站
서귀포시버스터미널
松岳山
송악산

城市印象

濟州是個充滿魅力的島嶼，好幾十年前由火山爆發而成，島上的火山石特別多，所以濟州有「石頭之國」之稱。濟州從來不缺石頭，居民也會利用石頭來建屋、做神像，石像大多戴著帽子、眼睛又大又圓、鼻子矮扁、嘴巴微笑、雙手放在肚子上，他們就是「石頭爺爺」。現在石頭爺爺已經成為濟州的象徵，無所不在，公園裡，馬路旁，甚至伴手禮上都有石頭爺爺的蹤跡。首次到濟州的旅客，第一印象或許不是漂亮的風景，而是從機場出來就看到的石頭爺爺。濟州地多人少，大致以南北來劃分為濟州市和西歸浦市。北面的濟州市比較發達，吃的、買的也比較集中，漢拏山的登山路線大都始於濟州市，山上有多種亞熱帶和溫帶的植物。而濟州市的東面有一個可愛小島 —— 牛島。南面的西歸浦市沒濟州市發達，但有如美地植物園、翰林公園等規畫完善的植物園，也屹立了城山日出峰、山房山等名山，南面海岸還有不少懸崖峭壁、瀑布等，自然風光保存得很好。

濟州小檔案

人口：56萬，大概占韓國人口1%
面積：1,800多平方公里，大概占韓國全國面積2%
人口密度：遠較首爾低
地理：位於韓國西南面，是韓國最大的島嶼
氣候：亞熱帶季風氣候，冬天的氣溫較首爾暖和

交通概況

航空公司

從台北到濟州，直飛固然最省時，只需1.5小時就能到達，適合假期比較短的朋友。但時間比較充裕的話，在首爾或釜山轉機也很方便，而且經首爾飛濟州也有很多廉航選擇。一趟旅程可以體驗2種完全不同的感受，一邊是摩登與傳統並存的城市節奏，另一邊則是身處離島與大自然的自在悠閒感。

台北飛往濟州航空公司

航空公司	網頁	備註
復興航空(TransAsia Airways)	www.tna.com.tw	直飛
中國東方航空(China Eastern)	www.ce-air.com	經上海
Jin Air	www.jinair.com	直飛

首爾飛往濟州航空公司

航空公司	網頁	備註
Eastar Jet	www.eastarjet.com	設英文網頁，接受國際信用卡
Jeju Air	www.jejuair.net	設英文網頁，接受國際信用卡
Jin Air	www.jinair.com	內陸機只設韓文網頁，只接受韓國信用卡

釜山飛往濟州航空公司

航空公司	網頁	備註
Air Busan	www.flyairbusan.com	設英文網頁，接受國際信用卡

旅行小抄

金浦機場

從台北坐飛機到首爾，第一個抵達的地方是仁川國際機場，但從首爾到濟州的國內航班，大多是經金浦機場。金浦機場並不等同仁川國際機場，金浦機場距離仁川國際機場約30分鐘車程，所以要留意清楚起飛的機場，以免錯過航班。

Jin Air即將開通直航班機

好消息來了！Jin Air預計於2012下半年開通台灣直飛濟州島的廉價班機，並提供一些時段供作參考，是你未來前往濟州省時又省錢的新選擇哦！詳細情形請見官網資訊哦！

Jeju

巴士

市內巴士

　　跟首爾一樣，濟州市的車站資訊以韓文為主，主要服務當地的居民，適合懂得韓文的旅客，只要在巴士站看著資訊螢幕，就可以知道要乘搭的車何時會來。如果不會韓文，也可充分利用100號巴士，100號巴士連接機場、市外巴士客運站、濟州市及新濟州市這幾個旅客常去的地方，而且班次頻密，好好利用，可以省下不少計程車的車費，譬如在新濟州市吃飽飽，想去濟州市逛逛東門市場，坐100號巴士只需1,000 won，比計程車便宜好幾倍，可以用T-Money支付車資。不過巴士的運行時間比首爾的短，大概是早上6點至晚上10點。

號碼	路線	價錢	班次
100	來往機場、市外巴士客運站、新濟州市		10～20 分鐘
200	來往機場、新濟州市、市外巴士客運站、濟州市	1,000 won	15～20 分鐘
300	來往機場、新濟州市、市外巴士客運站、濟州市		20～80 分鐘
500	來往機場、市廳		6～10 分鐘

　　從濟州國際機場坐100號或300號巴士便能到達市外巴士客運站(不過要注意300號巴士的班次比較少)，而前往濟州不同地方的巴士也是從裡開出，譬如翰林、中文旅遊區、城山、表善等。

這裡的巴士號碼並不是數目字，而是以韓文字代替數目字，但只要在客運站的售票窗口告訴售票員目的地就能買到票，價錢根據目的地的遠近而定，由1,000 ～ 3,000 won不等。

濟州市內巴士站
圖片提供/Helena

濟州市與西歸浦市都有市外巴士客運站。在客運站坐巴士並不困難，但若在一般的巴士站則比較困難，不會看韓文的話，有時候不知道要上哪輛車，必須要花點時間問路人或司機。最後，要留意市外巴士，一般運行到晚上9點而已，最好在之前回到住宿的地方。

號碼	路線	價錢	班次
東部環島	往萬丈窟、城山日出峰、表善里、西歸浦	1,000～3,000 won	約20～30分鐘
西部環島	往翰林、山房山、中文觀光區、西歸浦		約15～30分鐘
516	往漢拏山城板岳		約12～30分鐘
1100	往漢拏山御里牧		60～80分鐘(注)

注：1100班次稀少，應預先向住宿地方查詢最新的班次時間

西歸浦市的市外巴士客運站

濟州市的市外巴士客運站

長途機場巴士

除濟州市市內的100號巴士外，600號巴士也是旅客最常用到的，而且是唯一一條專為遊客而設的巴士路線，車上設有中英文廣播，連接機場、濟州市及西歸浦市的多間酒店，而且班次頻密。

號碼	路線	價錢	班次	時間
600	往中文觀光區	3,900 won	約15分鐘	約50分鐘
	往西歸浦	5,000 won		約80分鐘

觀光車

　　濟州交通始終不如城市方便，而且地方大，如果使用當地的公共交通工具，會比較花時間，讓一些喜歡自助遊的遊客對濟州真的又愛又恨。或許也可以考慮濟州本地的觀光車，性質像一天的本地團，作為1至2天的觀光行程，可以省時一點，多去一些偏遠的景點，剩下來的時間可自行安排去一些喜歡的地方。以濟州Trolley 觀光車為例，觀光車分東部和西部路線，當中西部路線就包括了玻璃宮殿、小人國迷你世界、濟州偶來第7條路線、柑橘農園、天帝淵瀑布等行程，散布在濟州不同地方，另可加錢上西歸浦遊覽船欣賞海底世界。觀光車可在網上預約，也可在機場或酒店接送。

濟州Trolley 觀光車

✉ 濟州道濟州市蓮洞303-13 2樓
☎ 15444118
🕐 09:00～19:00
🌐 www.tbus.co.kr
💲 東部或西部1天遊，成人35,000 won、小孩28,000 won、65歲以上者28,000 won，同時惠顧東部和西部的2天遊有優惠，已包午餐和入場券，但需另付導遊費，每天為5,000 won

↑ 濟州Trolley觀光車網站

計程車

　　濟州計程車的2公里內基本費用為2,200 won，比首爾略為便宜，但濟州島地方大，如果從北面的機場坐計程車到南面的西歸浦市廳，車程約1小時，車費約30,000 won。另外，不是所有地方都能找到計程車，如果同行人數多達4、5人，計畫一日要到好幾個景點的話，可預先託住宿的地方包計程車，1天的包車費用約70,000～100,000 won，一般會英語的計程車司機會略貴，如果你提前把景點用韓文寫好給司機看的話，也沒關係，否則最好找位會英語的司機，方便商量。如果一抵步就想包車的話，機場的旅遊諮詢中心也很願意提供協助。

租車

濟州國際機場的租車中心櫃台

　　濟州島的道路還算簡單，如果自己或同行者會駕車、會用GPS導航系統的話，租車的費用會比包計程車更便宜，每天只需約44,000～77,000 won，按車種、天數而略有差異。只要年滿21歲以上、持國際駕照、護照、具1年以上的駕駛經驗，就合乎租車的資格。而且租車的地方很便利，濟州國際機場的離境2號出口有多間租車中心的櫃台，可以預先在網頁預訂，也可到達機場後即場租借，之後直接坐接駁車到租車中心，填寫表格及支付費用後就可出發！

租車中心	電話	網址	備註
AVIS	(064)7493773	www.avis.co.kr	有設英文網頁
ASAN	(064)7439991	www.car7.co.kr	只設韓文網頁
33 miles	(064)7473301	www.jejurentcar.co.kr	只設韓文網頁

租摩托車

　　除租車外，也可考慮租摩托車，只要有國際的摩托車駕照即可，不過要注意天氣狀況，濟州島的中央是一座死火山，坡度較為傾斜，加上有時候大霧，較容易發生意外，最好盡量利用平緩的12號環島公路(即1132公路)。

Jeju Bikers

✉ 濟州道濟州市一徒1洞1185-3
📞 (064)7114979
🕐 08:30～18:30
http www.jejubikers.com
💲 50 cc 每天18,000-23,000 won、125 cc 每天26,000-35,000 won
➡ 從濟州國際機場乘計程車前往，車程約10分鐘
MAP P.189

旅行小抄

租車溫馨提醒

1. 旺季(一般7～8月)會有20%的租車附加費。

2. 注意油費是由租車一方負擔，還車時需要把油加至原本的水平。

3. 不可中途換駕駛者，否則一定要前事跟職員說清楚，多填寫一張司機表格。

4. 應在租車時了解清楚租車費用包括什麼保險，再決定是否需要追加保險。

步行體驗濟州景致

濟州最迷人的地方就是沿海的風景，若坐車太快，很容易就錯過了濟州的魅力。韓國人熱愛遠足和戶外活動，所以也有韓國人選擇以步行的方式來欣賞濟州，不是說笑，濟州至今開放了16條徒步觀光的路線，遠足的遊客不少，跟騎單車的人不相上下。

這16條路線稱為「偶來」(Olle)，意思是「從大街通向家門前的小路」，目的是讓遊客在旅遊景點以外，也能體驗濟州地道的自然美。濟州的旅遊或自然景點分散於不同的地方，徒步路線環繞濟州東、南、西沿海地方，每條徒步路線大多途經旅遊景點，譬如城山日出峰、天地淵瀑布，建議大家可以在景點與小路之間遊走。

徒步路線有山有水，比較特別的還有一大片仙人掌，不禁想起濟州著名的仙人掌巧克力。就算旅程的時間有限，沒有充足的時間走完整條路線，也不妨考慮花一點時間走一小段，用雙腳在濟州島上留下足印。

16條徒步觀光的路線

←偶來路線標誌牌

路線	始終點	長度	時間	附近景點	頁碼
1	始興國小-廣治其	15.6km	4~5小時	城山日出峰	P.224
1-1	牛島港口-港口(環島)	15.9km	4~5小時	珊瑚沙海水浴場	P.194
2	廣治其-溫平	18.1km	5~6小時		
3	溫平-表善	20.7km	6~7小時		
4	表善-南元	22.9km	6~7小時		
5	南元-牛沼端	14.7km	5~6小時		
6	牛沼端-獨立岩	14.4km	4~5小時	天地淵瀑布	
7	獨立岩-月坪	13.8km	4~5小時		
7-1	世界盃競技場-獨立岩	15.1km	4~5小時	世界盃競技場	
8	月坪-大平	15.2km	4~5小時	中文大浦海岸柱狀節理帶	P.215
9	大平-和順	8.2km	3~4小時		
10	和順-摹瑟浦	14.8km	4~5小時	松岳山	
10-1	加波島浦口(上洞)-浦口(下洞)	5km	1~2小時		
11	摹瑟浦-武陵	18km	5~6小時		
12	武陵-龍水	17.5km	5~6小時		
13	龍水-楮旨	16.4km	4~5小時		
14	楮旨-翰林	19.3km	6~7小時	仙人掌野生地	
14-1	楮旨-武陵	18.8km	5~6小時		
15	翰林-高內	19km	6~7小時		
16	高內-光令	17.8km	5~6小時		
18-1	楸子島港口-港口(環島)	17.7km	6~7小時		

松岳山

城山日出峰

Jeju

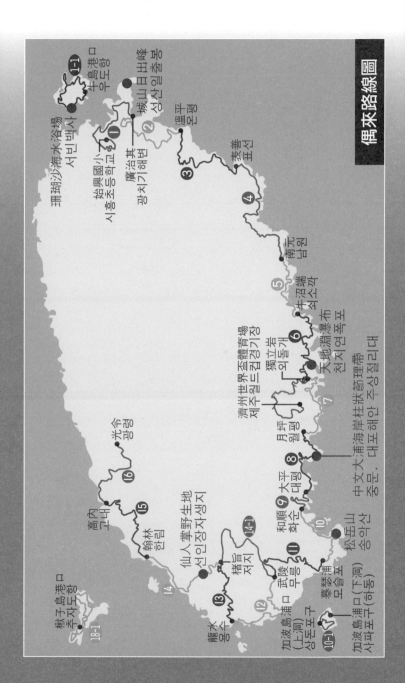

珊瑚沙海水浴場
서빈백사

始興國小
시흥초등학교

廣治其해변
광치기해변

城山日出峰
성산일출봉

溫平
온평

表善
표선

牛島港口
우도도항

南元
남원

牛沼端
쇠소깍

天地淵瀑布
천지연폭포

獨立岩
외돌개

濟州世界盃體育場
제주월드컵경기장

月坪
월평

中文大浦海岸柱狀節理帶
중문, 대포 해안 주상절리대

光令
광령

翰林
한림

高內
고내

仙人掌野生地
선인장자생지

大平
대평

和順
화순

楮旨
저지

松岳山
송악산

武陵
무릉

加波島浦口（上洞）
상모포구

蛮必浦
모슬포

龍水
용수

加波島浦口
（下洞）
사파해안

楸子島港口
추자도항

1-1
1
2
3
4
5
6
7
8
9
10
10-1
11
12
13
14
14-1
15
16
18-1

單車環遊的樂趣

濟州島是韓國的熱門旅遊勝地，四面環海，沿海風景怡人。濟州島真的是個很好的單車環島入門點，12號環島公路沿海岸線修建(即1132公路)，是環島的必經之路。12號環島公路設單車專用線，大部分時間不需要人車爭路，而且公路大多設車速限制，司機見到單車又很自律地盡量遠離單車專用線駕駛，或按鈴提醒，以免單車突然轉出行車線，安全性大大提高，對於沒有單車環島經驗的人來說會比較安心。

在濟州市可看到不少租車的地方，例如：Jeju Bikers。而道路、小鎮、Guesthouse、民宿等實用資料也能在單車地圖上找到，但只有韓文版本，建議在濟州國際機場拿中、英地圖各一份，以方便對照和問路。在濟州島環島不用太擔心沿路的住宿問題，因為四周都有很多Guesthouse，價錢便宜。

不少韓國人以騎單車的方式環島，沿路有問題也可以找他們幫忙。我在路上訪問了一些單車環島的韓國人，單車鋪老闆和年輕有力的小伙子最快可3天搞定，但他們也說有點辛苦，而即將結婚的情侶則最寫意，先花6天踏單車環島，再休息1天才回家。(單車環島的行程規畫可見P.45)

熱情協助的釜山男孩

到濟州單車環島的朋友大多從首爾或釜山過來,他們大多會英語,路上著實得到他們不少的幫助。印象最深的是早上打算出發時,才發現單車爆胎,但附近並沒有單車行,原本應該上路的釜山男孩留在Guesthouse看看有什麼幫得上忙,別的住客又不慌不忙地煮早餐給我們吃。最後,在我們吃過早餐後,釜山男孩陪我們推單車1小時到小鎮上的單車行修理。

要知道,這個釜山男孩是不會英文的,但語言並不是唯一溝通的途徑。在路上難免遇上語言不通的問路情況,雖然只會幾句韓文(你好、謝謝和再見),但對著地圖比手畫腳,加上肢體語言,也不會讓你迷失於濟

烈日下工作的濟州阿姨

州島,而且對濟州島好像有了重新的認識。

安全的單車道有賴很多人的協助,不少志願組織或濟州阿姨在猛烈的太陽下進行除草的工作,好讓我們能安全上路,實在非常感謝!我想對環島公路的工作人員說句:「這條單車徑真的非常棒!」

旅行小抄

單車環島的6件小法寶

1. 鴨舌帽
2. 防曬油
3. 手套
4. 長袖衫或透氣風衣
5. 圍巾(遮面之用)
6. 車頭燈(如果打算在晚上趕路)

登上韓國最高峰

　　漢拏山是韓國最高的山，高1,950公尺，位於濟州島正中央。對喜歡登山的韓國人來說，漢拏山是人生中必登的山，就連韓劇《我叫金三順》裡的金三順也特意在生日當天獨自去爬漢拏山，希望登山頂後人生能夠重新開始。

　　漢拏山共有4條登山路線，其中只有城坂岳和觀音寺能通山頂，而御里牧、靈室只可通到位於1,700公尺的威勢岳。話雖如此，但這並不代表通山頂的路段才有意思，相反地，每條的登山路線各有特色，可按照自己的體力、時間、季節去選擇。

漢拏山路線圖

觀音寺
長度：8.7公里
時間：5小時(單程)
★ 可到達山頂，但樓梯多，坡度大，對體
　 力的要求較高
★ 沒有小吃攤
★ 入口附近沒有巴士車站，要乘坐計程
　 車，約15,000 won就能回到濟州市

城板岳
長度：9.6公里
時間：4.5小時(單程)
★ 路線和所需時間最長，但山勢較平緩，
　 可到達山頂
★ 春天的時候，杜鵑花避難所會開滿粉色
　 的杜鵑
　 四周以茂盛的樹林為主

觀音寺旅遊諮詢處
관음사 탐방안내소

觀音寺
관음사

御里牧入口
어리목입구

城板岳旅遊諮詢處
성판악탐방안내소

御里牧
어리목

杜鵑花避難所
진달래 밭대피소

城板岳
성판악

萬歲小山 만세동산

靈室
영실

威勢岳
윗세오름

白鹿潭
백록담

靈室休息處
영실휴게소

御里牧
長度：4.7公里
時間：2小時(單程)
　 前段路線較陡峭，後段較平坦，
　 屬於先難後易的路線
　 不能到達山頂，只能到1,700公尺的威勢岳
　 途中可看到萬歲小山一帶的火山群

靈室
長度：3.7公里
時間：3小時(單程)
★ 路線和所需時間最短，但山勢陡峭，
　 一點也不輕鬆，也不能到達山頂
★ 可看到奇形的岩石，是濟州10大景觀之一
★ 秋天的楓葉景色也很著名

	路線	冬	春秋	夏
上山	御里牧/靈室	06:00～12:00	05:30～13:00	05:00～14:00
	城板岳/觀音寺	06:00～09:00	05:30～09:30	05:00～10:00
下山	威勢岳	14:00	15:00	16:00
	山頂	13:30	14:00	14:30

攀登漢拏山的溫馨提醒

雖然登漢拏山的路線距離在10公里之內,可即日往返,但對於平常很少登山的人來說,短則4小時、長則10小時的登山路程並不輕鬆,不要少看當中的體力消耗和準備功夫,請留意下面的溫馨提示:

1.路線:各登山路線的長度、難易度不一,建議以較平緩的路線上山、較陡峭的路線下山,既可欣賞不同路線的景色,又不會太辛苦。建議路線如下:

★城板岳上山,觀音寺下山,約需10小時,可登山頂

★御里牧上山,靈室下山,約需5小時,不可登山頂

2.天氣:漢拏山的天氣變化很快很大,遇有惡劣天氣(大雨、大雪、大霧等)影響安全時,部分路線會關閉,應在出發前查詢最新的天氣情況。

韓國氣象廳
網址: www.kma.go.kr

3.時間:不同的路線、季節,也會有不同的上、下山時間,應該提早時間出發。

4.食物:只有御里牧和靈室的交叉口(威勢岳)與城板岳路線的杜鵑花避難所設有小吃攤,山泉水也不是常常出現,而且有機會乾涸,所以應備充足的飲料、水和補給食物,如:運動飲料、巧克力、韓式壽司。還有,為了保護環境,記得把垃圾扔到山下的垃圾桶。

5.衣著:應穿著登山鞋或運動鞋。穿皮鞋、布鞋或拖鞋不宜登山。帽子是登山的好朋友,而登山拐杖在陡峭的路段也很有幫助。另外,山頂和山腳的氣溫有10度的差異,就算天氣炎熱,也要多帶一件外套,以備不時之需。如果冬天登山,衣著的要求會較高,最好穿著防風、防水、保溫、透氣的功能性登山服。

6.意外:沿路應留意登山路位置標誌牌,萬一遇上意外,可以致電119求助熱線,告訴對方大概位置,方便救援。

登山路地圖顯示現在的所在位置及中途站之間的距離

上下山時間的提示版

登山路位置標識牌,以照片為例,位置是4-12

大啖濟州美食

之前在風情掠影跟大家介紹了韓國料理(P.29)，那麼，濟州料理有沒有什麼不一樣呢？跟其他韓國地方一樣，濟州料理偏辣、也是每餐有泡菜，但主食卻不一樣。濟州四面環海，沿海是主要的捕魚區，不少居民以捕魚為生，而海女的工作更是徒手潛水捕魚。所以這裡一點也不缺新鮮的海鮮，濟州居民也很善用當地食材，以海魚作為其中一樣主要食材，除了煎魚、烤魚外，也會配其他蔬菜熬粥、熬湯等等。

想一次嘗試多種不同的海鮮，就不要錯過海鮮火鍋。章魚、貝類、小鮑魚、蝦蟹等都是海鮮火鍋的常客。濟州的鮑魚有名又昂貴，是古時獻給君王的貢品之一，現在多用來做鮑魚粥、鮑魚刺身、鮑魚石鍋拌飯、海鮮火鍋。海鮮含有豐富的蛋白質，濟州的海鮮價錢比首爾的便宜，大家不妨多多補充蛋白質。

如果你是五花肉的頭號粉絲，那麼你就更加不能錯過濟州黑豬(흑돼지，音：Heukdwaeji)的五花肉，每份約9,000～11,000won。黑豬不單單是外表黑色，跟白豬相比，濟州黑豬不吃任何含有化學添加成分的飼料(聽說還會吃柑橘)，更加肥美多汁，但又不會太油膩。吃法都差不多，都是以生菜、芝麻葉把烤肉、醬料、配料包起來吃。大魚大肉後，就來到飯後的水果時間啦，濟州道地的柑橘很有名，跟鮑魚一樣，也是古時的貢品。雖然果實比較小，但顏色很好看，皮薄多汁，甜甜的，也可以拿來做蜂蜜、茶，甚至柑橘冰淇淋！

海魚	菜式
刀魚	辣燉刀魚、刀魚南瓜湯
雀鯛	雀鯛粥、雀鯛生魚片
方頭魚	烤方頭魚、方頭魚粥

濟州市
제주시
Jeju-si

Jeju-si

제주시

概況導覽

北 面的濟州市比較發達，舊濟州市和新濟州市是濟州市的中心，吃的、買的也比較集中，機場也坐落於濟州市中心附近；而漢拏山的登山路線大都始於濟州市，山上有多種亞熱帶和溫帶的植物。濟州市的東面也有一個可愛小島，名為牛島。

韓國最高山峰

漢拏山國家公園
한라산국립공원
Hallasan National Park

✉ 濟州道濟州市海岸洞

☏ (064)7139950

🕐 05:00～10:00(不同路線的上下山時間請見P.185)

💲 免費(2007年起免門票)

http hallasan.go.kr

➡ 1.城板岳：濟州國際機場坐100號巴士到市外巴士客運站，再坐前往城板岳方向的巴士，車程約35分鐘，班次為每15分鐘一班

　　2.御里牧：濟州國際機場坐100號巴士到市外巴士客運站，再坐前往御里牧方向的巴士，車程約30分鐘，班次為每1小時20分鐘一班，班次稀少，應預先向住宿地方查詢最新的班次時間

MAP P.172

2007年濟州火山島及熔岩洞被指定為世界自然遺產，漢拏山是其中一個世遺的分布地方(另外2個是城山日出峰和萬丈窟)，從漢拏山可以看到從火山爆發演變成濟州島的歷史痕跡。漢拏山還有個別名，叫「銀漢」，因為漢拏山是韓國的最高峰，站在漢拏山的山頂，感覺可以抓到銀河似的。

漢拏山四季的景色不一，春天有杜鵑花、夏天有高山植物、秋天有楓葉、冬天有雪景，無論任

登山時，要換上登山鞋或運動鞋

玩家交流

10小時的登山路程，總是看到人來人往的，登山客以韓國人為主，有一夥人去登山的，也有登山的獨行俠；有白髮蒼蒼的老人家，也有個子小小的小學生。雖然他們的體力沒有年輕人好，但他們大多行裝齊全，相信平常也有登山的習慣。他們或許走得不算快，但他們的持久力很高。看著他們就覺得慚愧，自己平常很少做運動，登山前也沒做什麼準備，還因為懶惰而沒有多帶一雙運動鞋，穿布鞋就上山。布鞋的鞋底太薄，會感受到地上的石塊，而且鞋底沒有防滑的設計，路面濕滑時很容易滑倒。上山還勉強可以，下山時膝蓋、小腿受到不少的壓力，之後幾天也感到疼痛。所以大家不要偷懶，一定要帶登山鞋或運動鞋喔！

小學生和爸爸一起登山

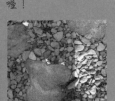

布滿大石小石的路

何季節，登山旅客絡繹不絕。漢拏山高1,950公尺，山頂和山腳的氣溫有10度的差異，山上同時生長著上千種的亞熱帶、溫帶、寒帶植物。你或許不能像植物學家一樣，把看到的小花小樹一一分類，但你一定會留意到隨著海拔高度不同的植物，最明顯的是，夏天的時候，山腳的樹是茂密的綠，山頂卻有落光葉子的樹木。而韓國最最大面積的冷杉林也在漢拏山。

在不同氣候生活的昆蟲及動物有上千種，漢拏山還住了一種濟州特有的鹿科動物，名叫獐子，長得像小鹿，數目還不少，有緣的話或許會遇見。

4至10小時的登山路程，途中會有休息站和洗手間，可以好好坐下來歇一歇。每條山路也會經過可供飲用的山泉水，但不要過分依賴在此補給，因為山泉水在旱季時有機會乾涸。在威勢岳與杜鵑花避難所會有食物飲料的補給站，可以買到泡麵、零食、飲料與簡單的登山用具，價錢合理，不會因為開在山上而對遊客獅子大開口。

登山頂的最後200公尺是奪命樓梯級，因為體力消耗很多，大部人都走得氣喘吁吁，好不容易上到山頂，大家都坐下來野餐，好好享受大地在我腳下的好風光。

從山頂還可以看到火山口有個直徑約700公尺的火山湖，此湖泊因有野鹿常到這裡喝水，而被叫作白鹿潭。而一年四季中，以雪中的白鹿潭最好看。

若走完城板岳或觀音寺全程，下山時可在出口的旅遊諮詢處付1,000 won，拿到一張英、韓對照的證書，證明你成功登上韓國最高的漢拏山山頂(1,950公尺高)。登上山頂差不多要10小時，證書可算是揮霍汗水後的小小紀念品。

觀音寺路線的吊橋

火山湖
火山湖，又稱火口湖，指的是火山爆發後，在火山口積水而成的湖泊。

海拔氣溫差異
高山空氣稀薄，氣溫比平地低，當海拔每上升100公尺，氣溫就會下降0.6度。

迷你版濟州島

牛島
소섬
Udo

☒ 濟州道濟州市牛島面

🕒 07:30～18:00(航班時間)

💲 成人5,500 won、兒童1,700 won，已包括來回船票及牛島門票

➡ 濟州國際機場坐100號巴士到市外巴士客運站，再坐前往城山方向的巴士，下車後步行至城山港碼頭(성산발)，乘船即可前往牛島，船程約15分鐘

MAP P.172

循環巴士路線：

第一站	牛島峰、後海石壁、東岸鯨窟
第二站	牛島博物館
第三站	珊瑚沙海水浴場

牛島是濟州島東面的小島，因形狀貌似一頭牛而得名。如果你跟我一樣欠一點想像力，也不用太失望，牛島可是個迷你版濟州島。雖然牛島的面積並不算大，但陽光與海、山峰景觀、火山岩石、海蝕洞窟等美景都濃縮在這個可愛的小島上。景點與景點之間，還有充滿度假感覺的可愛屋子。這個可愛的小島也吸引了不少名導演的青睞，最爲大家熟悉的是電影《觸不到的戀人》。

如果旅程的時間有限，我會建議在牛島坐循環巴士，途經3個停留站，共5個景點，而每站均能下車停留半小時，大概花2小時就能環島一周。如果時間比較充裕的話，可以在碼頭租車隨處去，那麼就能在喜歡的地方多待一點時間囉。

泛著藍光的海岸

珊瑚沙海水浴場
서빈백사
Swo-Bin-Baek-Sa

✉ 牛島西面

➡ 在牛島乘循環巴士，會經過珊瑚沙海水浴場，可停留30分鐘；或碼頭附近租車前往

珊瑚沙海水浴場是韓國唯一一個由珊瑚風化後形成的沙灘，特別的是沙石形狀不規則，顏色主要是米白，夾雜少量紅、黃、咖啡、灰系色的沙石。(墨西哥著名的坎昆沙灘也是珊瑚沙沙灘啊！)珊瑚沙海水浴場是我去過最美的海灘，遠看海水有不同層次的藍綠色，近看海水清澈得清楚看到水底的細沙和珊瑚貝，走進水裡還能看到一小群的小魚兒游來游去。難怪電影《觸不到的戀人》中，全知賢飾演的恩澍這麼喜歡這個沙灘，還夢想在這裡建一間屋，居住下來。

知識充電站

何謂珊瑚沙

珊瑚沙是由珊瑚礁長時間被海浪拍打而分裂成的沙石，因為珊瑚沙很珍貴，所以沙石都不能帶走，要記著喔！

俯視牛島全景

牛島內

牛島峰
지두청사
Ji-Du-Cheong-Sa

✉ 牛島南面

➡ 在牛島乘循環巴士，會經過牛島峰，可停留30分鐘；或碼頭附近租車前往

　　濟州島有很多大大小小的山，而身為迷你版濟州島的牛島也不例外。雖然牛島以平地為主，但南面有個小山坡——牛島峰。要走一段小斜坡，才會到達牛島峰的入口，途中會經過一些小吃攤，有炭烤魷魚、魚丸串、熱狗等小吃，還有牛島盛產的花生，可以在上、下山時好好補充體力。

　　牛島峰位於牛島最高處，從峰頂可看到牛島全景，若天氣好的話，甚至可以看到對岸的城山日出峰。牛島峰高約130公尺，大概是城山日出峰3分之2的高度，登山的路程比較短，坡度也尚算平緩，輕輕鬆鬆能就登上牛島峰的峰頂。在短短的登山路上，看到的是綠油油的草地，籬笆外還有些小紅花、蘆葦作點綴，人流比城山日出峰少，不會太擁擠，沿路心曠神怡。

珊瑚沙海水浴場、牛島峰

別有洞天的自然產物

東岸鯨窟
동안경굴

牛島內

Dong-An-Gyeong-Gui

✉ 牛島東南面

➡ 在牛島乘循環巴士，會經過東岸鯨窟，可停留30分鐘；或碼頭附近租車前往

有人可能會以爲在東岸鯨窟可以看到鯨魚，但眞的不要誤會，其實這裡並沒有鯨魚，退潮的時候，才可以看到這個海蝕洞窟。從外面看，入口一點也不大，但裡面卻遠比想像中寬闊，傳說有鯨魚曾居住在洞窟裡，才有東岸鯨窟之名。東岸鯨窟就在黑沙海水浴場的盡頭，跟珊瑚沙海水浴場不一樣，黑沙海水浴場的沙石極多，並不適合游泳，但這裡水窪中的石頭顏色很好看，帶藍紫色。而後海石壁是一幅非常廣闊的峭壁，峭壁上不規則的橫紋都是自然地從海浪撞擊而成，把整個浴場以U字形環繞著。沿著樓梯走，附近有一間冰淇淋店，當然少不了牛島盛產的花生口味冰淇淋。

知 識 充 電 站

何謂海蝕洞窟

海蝕洞窟一般位於漲潮與退潮之間，常常乾濕交替，石頭變得比較脆弱，隨著海浪長年的侵蝕，就成了天然而成的洞窟。濟州島由漢拏山爆發的火山熔岩堆積而成，四周布滿多座小火山，沿海岸線有很多懸崖峭壁，譬如中文大浦海岸柱狀節理帶，為海蝕洞窟提供有利的形成條件。

來挑戰世界級迷宮大師作品

金寧迷路公園
김녕미로공원
Kimnyoung Maze Park

- ✉ 濟州道濟州市舊左邑金寧里山16號
- ☎ (064)7829266
- 🕐 08:00～18:00
- 💲 成人3,300 won、65歲以上2,500 won、15歲以下學生1,650 won、6歲以下兒童880 won
- 🌐 www.jejumaze.com
- ➡ 濟州國際機場坐100號巴士到市外巴士客運站,再坐前往萬丈窟(만장굴)方向的巴士,下車步行10分鐘
- 🗺 P.172

　　金寧迷路公園是由公園創辦人F.H.Dustin和世界級迷宮設計大師Adrian Fisher共同設計。迷宮大師的作品遍布歐洲、美洲、亞洲等30多個國家,共60多個迷宮之多,單看數字就覺得很厲害,可以有源源不絕的迷宮靈感。他們倆設計了一個具備濟州特色的迷宮,迷路公園的輪廓是參考了濟州島的海岸線所設計,而路線則運用了象徵濟州的圖案作設計元素,最特別的是從蒙古傳來濟州的短腿馬圖案。在入場時可以拿到一張地圖,看著地圖以為很簡單,但其實暗藏難度,歡迎大家來挑戰,看看你能不能第一個跑到終點的高台敲鐘。另外,公園離萬丈窟很近,不妨順道參觀這個世界上最長的熔岩洞。

風浪穩定的水上活動

咸德海水浴場
함덕해수욕장
Hamdeok Beach

- ✉ 濟州道濟州市朝天邑咸德里
- ☎ (064)7836003
- ➡ 濟州國際機場坐100號巴士到市外巴士客運站,再坐前往咸德里方向的巴士,下車步行10分鐘
- 🗺 P.172

　　濟州島沿岸有多個海灘,但濟州有「三多」,就是石多、海女多、風多,風多自然海浪大。濟州的海灘是衝浪的好去處,但風浪太大,並不是所有時間都適合下水,這可是讓喜歡暢泳的朋友

頭痛。不用怕,咸德海水浴場是我們的止痛藥,因為附近有座犀牛峰作為屏風,海浪比較穩定,適合進行不同的水上活動。而且附近的設施齊備,更衣間、淋浴間、便利超商、餐館等都應有盡有,暑假吸引不少韓國家庭前來度暑,非常熱鬧,附近的遊樂園還會在暑假開放。

惬意散步的好去處

漢拏樹木園
한라수목원
Halla Arboretum

- 📧 濟州道濟州市蓮洞1000號
- 📞 (064)7107575
- 🕐 04:00～23:00
- 💲 免費
- http sumokwon.jeju.go.kr
- ➡️ 在濟州市坐300號巴士到濟州高中站(제주고등학교)，下車步行10分鐘
- MAP P.172、P.189

漢拏樹木園原是為了提供學生和專業人士一個學習、研究的地方而建，但竟然漸漸成為濟州市居民喜愛的散步公園。漢拏樹木園不是什麼著名的旅遊景點，占地約18萬平方公尺，規模比翰林公園小，只有翰林公園的一半，也沒有像如美地植物園堆砌得美輪美奐。那麼，為什麼還要特意介紹給大家呢？漢拏樹木園是平易近人的，位於濟州市中心、免費入場、清晨4點開放，方便早起的晨運者，至深夜11點才關門，讓居民晚飯後還能慢步公園。當大清早什麼景點還沒開放時，或是在濟州市中心吃完一頓豐富的晚

餐後，來這裡散散步，是多麼惬意的一件事啊！

當然來這裡不是只為了散步，散步的小徑旁種滿各種灌木、喬木，大家比較容易辨識出來的有竹林、楓樹、棕櫚等，每個月分也有不同的花盛開，譬如1月的水仙、6月的玫瑰。4月的時候，樹木園以及通往樹木園的小路，也會開滿櫻花，是很便利的賞櫻花路。而此櫻花不同彼櫻花，濟州的櫻花品種叫「王櫻花」，花苞比平常看到的大。

除了室外，室內也有看頭，蘭展示室是其中一個溫室，裡面都是栽種得很別緻的蘭花盆栽，不

漢拏樹木園

過要注意溫室在晚上不開放。這裡還有深受老人家歡迎的體力鍛鍊場、石春路，還有自然生態體驗學習館則幫助我們認識園裡很容易錯過的昆蟲、雀鳥等。

白天，漢拏樹木園充滿活力，不少濟州的學生來這裡做戶外學習，有的奔跑、有的野餐、有的拿著學習單尋寶去。晚上，漢拏樹木園是寧靜的，有獨自健行、做運動的人，也有一對對夫妻、鄰居、朋友結伴到來，靜靜的、慢慢的邊走邊聊。

彙集各地代表性的珍奇植物

翰林公園
한림공원
Hallim Park

- ✉ 濟州道濟州市翰林邑翰林路300
- ☎ (064)7960001
- ⏰ 08:30～18:00(夏天延至19:30)
- 💲 成人9,000 won、65歲以上者8,000 won、
  學生6,000 won、兒童5,000 won
- http www.hallimpark.co.kr
- ➡ 濟州國際機場坐100號巴士到市外巴士客運站，再坐途經翰林公園站的巴士，翰林公園就在巴士站對面，車程約50分鐘
- MAP P.172

翰林公園是濟州島早期開發的旅遊公園，那時候，濟州島上從沒有過這樣自然、保育與遊閒兼備的公園，後來定期會再加入新元素，讓遊人有豐富的感覺。翰林公園給人第一個印象是入口長得高高的椰子樹，即使遠遠也看得見，想不到進園後又是長長的椰子樹路，它們是在1971年出生的，現在都已40多歲了，正值壯年，每一棵都長得很高。

亞熱帶植物園

來到翰林公園，當然不止來看椰子樹，椰子樹路旁是一個亞熱帶植物園，主角是仙人掌，仙人掌形形色色，有小小的像毛毛球的，有長得高高瘦瘦的，更有白色仙人掌。當中最可愛的仙人掌是赤烏帽子，莖長得圓鼓鼓，芒刺是紅色的，它的朋友是金烏帽子和白烏帽子，芒刺分別是金黃色和白色。主角雖好，也需要綠葉扶持，這裡的最佳配角是金邊五彩鳳梨！它原產於巴西，葉的中心呈紅色，鮮艷的顏色受到大眾的喜愛。

挾才洞窟、雙龍洞窟

洞窟主要為分2個部分，前段是挾才窟，後段是雙龍窟，加上黃金窟、昭天窟、超啓窟等20多個洞窟，總長為1萬7千公尺，是世界上最長的熔岩洞體系。一般情況下，熔岩洞是不會有石筍和鐘乳石，但雨水溶解了地表的貝殼粉末，形成石灰水，之後滲入熔岩洞的縫隙，形成石筍與鐘乳石，分別在挾才窟的洞首、雙龍窟的洞尾可以看到。它們成長緩慢，100年才長1公分，顯得很珍貴。雖然洞窟裡有介紹牌，但稍不留神，很容易錯過，建議在進洞窟前先看導遊圖讓自己有個概念。

除了石筍外，挾才窟的另一賣點是乾瀑布，石灰水由黑色洞窟的壁面滲入而硬化，經過長時間的滲入，一些石壁變得像乾涸的瀑布，幸運遇上大雨，石灰水從上流下，會很壯觀。而雙龍窟的洞頂也有滲入石灰水，在洞頂形成奇特的紋理，像細緻的龍鱗，當然加點想像力才能看到洞頂的龍頭、龍身、龍尾。2個洞窟採用自然的燈光顏色，沒有畫蛇添足用古靈精怪的射燈效果，讓遊客看到洞窟的真正模樣。

花園

　　翰林公園在不同的地方栽種不同的鮮花,不同的月分,都會有不同的鮮花盛開。財岩水石館後有梅花水仙園和櫻花園,2月有梅花、水仙,4月當然少不了櫻花、油菜花,還有亞熱帶植物園裡的鮮豔鬱金香,而5、6月盛放的花大多集中栽種在濟州石盆栽園。炎夏及深秋分別是賞蓮花和菊花的好季節,你會驚訝品種之多、色彩之廣。詳細的展覽內容可到翰林公園的網頁查閱。

展覽會	時間	主題	位置
春花慶典	4月上旬至4月中旬(16天)	櫻花、油菜花	財岩水石館後的櫻花園
山野草展示會	5月上旬至5月中旬(17天)	5月盛開的花,如:蘭花、杜鵑花	濟州石盆栽園
南瓜慶典	10天(約3星期)	南瓜	財岩民俗村
菊花花會	11月(約3星期)	菊花	主要道路

鳥園

為了增加公園多元性和活力，遊樂設施改建成雀鳥的庭園。來自不同國家的雀鳥充滿誘人的色彩，東玫瑰鸚鵡從澳洲來，擁有彩色的羽毛；白孔雀來自印度，深藍色瞳孔很迷人。孔雀知識版的形狀，看起來很可愛，英韓對照的資料也有助我們了解雀鳥的故事。

翰林公園和挾才海水浴場只是一條馬路之隔，如果時間尚早，離遊園後不妨到海水浴場蹓躂蹓躂。

知識充電站

翰林公園曾經一文不值

翰林公園是一個多元化的植物公園，長滿不同的樹木、植物，它曾是一塊一文不值的不毛之地，但翰林一帶有獨特的洞窟、美麗的大海和對岸的飛揚島，讓創辦人宋奉奎先生深信這裡能發展成世界級的旅遊區。即使他身邊的親人都覺得開墾沙地是不可能的事，他還是孤獨地堅持著。從日本進口大量不同樹木的種子，沒有人知道種子能否發芽成長，但他每天風雨不改地照顧。有一天，終於開花了！假如沒有宋奉奎先生的開拓精神，就沒有今天的翰林公園。

購物名店

種類繁多、價格低廉

東門傳統市場
동문재래시장

- ✉ 濟州道濟州市耳島1洞1436-7號
- ☎ (064)7523001
- ⏰ 07:00～20:00
- http dm.market.jeju.kr
- ➡ 從濟州國際機場乘100號巴士前往中文交叉路站(중앙로사거리)，車程約15分鐘
- MAP P.172、P.189

　　東門傳統市場是購買伴手禮的絕佳地方，款式多、價錢便宜，以濟州馬格利酒3支禮盒裝為例，東門市場只售10,000 won，機場卻要索價15,000 won。東門市場有點像首爾鍾路區的廣藏市場，各類商品應有盡有，海產、肉類、熟食、水果、雜貨都分門別類，從分布可見其規畫，就算不需要買伴手禮，也可以來發掘便宜地道的小吃店。逛完市場後，可再到附近的中央地下商店街，有多個出入口，主要售賣化妝品、服裝和飾物。

化妝保養、運動品牌的聚集

蓮洞諸元
신제주 제원 상세지도

- ✉ 濟州道濟州市蓮洞新光道一帶
- ➡ 從濟州國際機場搭乘計程車前往，車程約10分鐘，車費約3,000 won；或在濟州市坐100號巴士到Jewon Apt站(제원아파트)
- MAP P.189

　　蓮洞諸元十字路口是新濟州市晚上最熱鬧的大街，假如你想順道買點韓國化妝品，基本的品牌你都可以找到，譬如最近很紅的Etude House、平價的Missha、標榜天然的Skin Food、 The Face Shop等。或許因為濟州是個活力小島，這裡的運動品牌也比較多，Adidas、Nike、Puma、Columbia、Elle Golf均在此設店，還有以牛仔褲起家的Guess、Levis，反而服裝小店不多。街上的小吃也不多，但有一間韓國的傳統麵包店，專門售賣核桃點心，裡面是韓國人喜愛的紅豆。

商品齊全、設施貼心的購物商場

樂天商場
롯데마트
Lotte Mart

✉ 濟州道濟州市老蓮洞708 Lotte Mart
☎ (064)7982500
🕐 10:00～23:00
➡ 從濟州國際機場乘計程車前往，車程少於15
分鐘，車費約3,500 won；或在濟州市坐500
號巴士到郵政局(即紐沃德峇里站)
🗺 P.172、P.189

圖片提供/Helena

Lotte Mart是深受歡迎的連鎖商店，濟州市也有一間，而且是島上唯一一家。1樓是超級巿場，雖然貨品選擇比首爾店少，但沒有首爾擁擠，也有專售濟州紀念品的櫃臺。2樓是家居用品部，3、4樓是服裝、運動用品區；文具、玩具、書籍、音樂在4樓可以找得到。商場裡更貼心設有育嬰室和儲物櫃、超市外面也有長椅子供客人休息。頂層是美食廣場，提供日、西、中式餐點，只要看著展示模型選好碼點餐，就算不會韓文也沒有障礙。

方便忙碌旅客的採買

濟州國際機場
제주국제공항
Jeju International Airport

✉ 濟州島濟州市龍潭2洞2002
☎ (064)7972114
🗺 P.172、P.189

如果抵步後發現有什麼遺忘，可以在濟州國際機場補給，離境2號出口附近有運動用品專賣店，濟州的太陽猛烈，所以這裡的帽子也特別多。有些人不希望旅程時買太多東西帶著，可以最後才在機場買禮物回國，濟州機場的入境層也有好幾間伴手禮店，便利忙碌的旅客。不過機場的價格一般不便宜，如果時間許可，建議在濟州市其他地方購買。

美食餐飲

湯鮮味美的海鮮火鍋

삼성혈해물탕

✉ 濟州道濟州市蓮洞312-45
☎ (064)7453000
🕐 11:30～22:30
💲 13,000～20,000 won
➡ 從濟州國際機場乘計程車前往，車程少於10分鐘，車費約3,000 won
🗺 P.189

正所謂出外靠朋友，旅途上要吃好東西，不一定要做功課，最簡單可靠的始終是問本地人。海鮮火鍋店삼성혈해물탕就是一對韓國姊弟推薦的海鮮餐廳，雖然位於新濟州市，但並不是在最繁忙的旅遊、購物路段，因此，價錢比旅遊區實惠。以前火鍋店是一家只能容納10張小桌子的小店，但因為價廉物美，慕名而來的客人愈來愈多，現在已改裝擴建成大一點的格局。

這裡的招牌菜是新鮮又便宜的濟州海鮮火鍋，2至3人份43,000 won、3至4人份53,000 won、4至5人份63,000 won，絕對是首爾吃不到的價錢，非常划得來！而且物超所值，海鮮火鍋的主要配料是章魚、海螺、小鮑魚等海鮮，放滿整個鍋，就像一座小山，全都很肥大鮮美，煮熟後店員會幫忙剪開，方便我們食用。

湯底少不了韓國人喜愛的辣，火鍋的加了辣椒粉，加上新鮮的海鮮，湯底非常鮮甜，讓人胃口很好，比平常吃得更多，在鍋裡加入烏龍麵，或是配飯吃，絕對是一流！火鍋可另加鮮蝦、螃蟹等海鮮，也可另叫章魚生魚片、煎餅等好吃的。

充滿牛汁精華的牛肉麵

올래국수

✉ 濟州道濟州市蓮洞261-16
☎ (064)7427355
🕐 09:30～23:00
💲 4,000～6,000 won
➡ 從濟州國際機場乘計程車前往，車程少於10分鐘；或在濟州市坐100、200號巴士到Jewon Apt站(제원아파트)，下車步行5分鐘
🗺 P.189

根據可靠的情報(Jeju Guest老闆推薦)，牛肉麵店올래국수可說是是新濟州市內必吃的一家店。它位於諸元十字路口附近，但要從大街轉入住宅區才能找到。我發現很多附近的居民和韓國旅客在這裡覓食，除了牛肉麵店之外，還有烤肉店等餐廳，每間店的人流也不少，比大街上的餐廳還要旺，大有臥虎藏龍之感。好不容易找到麵店，店裡都坐滿了老顧客，牆上貼滿了雜誌訪問，小店的座位不多，店員也不會英文，但感覺很親切，一直笑咪咪的。

點了一碗牛肉麵，第一口已經覺得不得了，肉質嫩滑，略帶肥肉。湯麵只放了一點的辣椒、芝麻、蔥與胡椒等等，比起平常的韓國料理，不算辣，比較清，喝得出牛肉熬出來的所有精華，讓人可以連湯吃光。

老闆真的沒有騙我，之前花的時間都值得了。

雖然不容易找到，但大家不要擔心，因為有我當美食先鋒，我給大家一個提示，就很容易找到了：在諸元十字路上的VOV和The Face Shop之間有條通往住宅區的小街，轉進去就會看到很多住宅大廈，再往右轉就看到這條美食街，而牛肉麵店就在右側的其中一間。

菜之花食堂
유채꽃식당

✉ 濟州道濟州市蓮洞274-5
📞 (064)7449980
🕐 11:30～22:30
💲 6,000～15,000 won
➡ 從濟州國際機場乘計程車前往,車程約10分鐘;或在濟州市坐100號巴士到新濟州Officetel站(신제주오피스텔),下車步行5分鐘
🗺 P.189

刀魚的盛產期
刀魚一般在9至10月盛產,所以秋冬是品嘗刀魚的最佳季節。

韓國的餐廳很多時候會專注一樣食材,就像之前介紹的海鮮火鍋店삼성혈해물탕只專門做海鮮火鍋、牛肉麵店올래국수專門做牛肉麵,集中心思把招牌菜做好。但有時候,人總是貪心,希望旅途上的每頓飯,能多嘗點不同的菜式。菜之花食堂做的餐點類型算是比較廣,除了魚的料理之外,在菜之花食堂也能吃到鮑魚粥、海鮮火鍋等其他濟州菜餚。菜之花食堂位於新濟州的諸元十字路口,是繁華路段,遊客不少,餐牌也有日、韓對照,價格合理。

來到菜之花食堂,我推薦大家吃辣醬燉刀魚(3至4人份約40,000 won),相信大家也知道濟州盛產海魚,有些喜歡釣魚的日本人也很喜歡來濟州一展身手,順道品嘗。刀魚就是濟州其中一樣的代表海魚,體型肥大,肉質細嫩鮮美,還含有豐富的蛋白質,跟其他魚相比,刀魚的價格比較貴,而且多骨,所以要慢慢吃,不能心急。濟州的餐廳喜歡配蔥、白蘿蔔、洋蔥、馬鈴薯、辣醬燉刀魚,或是加入南瓜和蔬菜做成刀魚南瓜湯。無論是哪一種煮法,因為加入了辣椒、大蒜、鹽等調味料,基本上完全沒有魚腥味。

隱身在公園裡的美味

翰林公園
石頭老公公餐廳

✉ 濟州道濟州市翰林邑挾才里2487翰林公園
📞 (064) 7960001
🕐 08:30〜18:00(夏天延至19:30)
💲 10,000〜15,000 won
➡ 翰林公園內
🅼 P.172

翰林公園內的財岩民俗村

翰林公園地方大，要把整個公園走過一遍，至少要2小時。走得累了就在公園裡面吃東西吧，順便雙腳休息一下。石頭老公公餐廳的外表是傳統的濟州茅屋，和旁邊的民俗村連在一起，一不留意就錯過了補給站，共有一百多個座位。雖是公園的附設餐廳，但菜式也很道地，款式也很多，以濟州的傳統菜式為主，譬如有炭烤濟州黑豬肉、紅燒刀魚、烤青花魚、海鮮綠豆煎餅、海膽湯定食、山雞蕎麥麵、傳統捲餅、傳統粟米酒等等，還會按季節提供不同的食物，夏天有冷麵、西瓜，冬天有雉雞肉絲刀削麵。

濟州五大HOT伴手禮

深度特寫

　　來韓國旅行會買些什麼當伴手禮？超級市場的韓國零食？女士們最愛的韓國保養品？小店的可愛小玩意？相信它們均是最普遍又受歡迎的禮品。但難得來了濟州島，如果也是買一樣的伴手禮，豈不是很沒有特色？其實濟州島也有代表自己的伴手禮，跟首爾或其他韓國城市很不一樣的選擇，就讓我來介紹濟州伴手禮的排行榜吧！

No.1 仙人掌巧克力

　　不知是否因為濟州有間著名的巧克力博物館的關係，濟州巧克力好像成為了外國遊客最普遍的伴手禮，常看到的口味有柑橘、漢拿橘、奇異果、鳳梨、綠茶等，但論特別度，首推大家購買仙人掌果實做的巧克力，購買濟州爺爺形狀的，就更能代表濟州。巧克力令人有幸福的感覺，是男女老少都喜歡的禮物，非常穩當，濟州伴手禮排行榜第一名當之無愧。

←濟州爺爺形狀的巧克力

No.2 濟州酒

　　韓國人愛酒，但想不到馬格利酒、燒酒、果酒、百歲酒竟然會有濟州版，標榜用漢拏山的水和濟州的果實，大部分有禮盒裝，是比較特別的伴手禮。

No.3

唐柚子茶

濟州柚子做成的茶，味道甜中帶苦，清熱滋潤，特別適合秋冬時期飲用，韓國人普遍更認為柚子茶有美白的美容功效。另外，也有濟州爺爺造形的禮品裝。

No.4

濟州香水

由柑橘花和油菜花提取精油做的香水，香氣自然清淡，瓶子包裝亦以濟州的石頭爺爺造型為主，用完後的小瓶可作小擺設。

No.5

漢拿橘

漢拿橘，其中一端凸出來，像漢拏山，比柑橘大，甜美多汁，不過農產品不能帶回家，要看店鋪有否提供郵寄服務。

포시
Seogwipc

西歸浦市

서귀포시
Seogwipo-si

서귀포시

概況導覽

南 面的西歸浦市沒有像濟州市那樣發達，但有如美地植物園、翰林公園等規畫完善的植物園，也坐立了城山日出峰、山房山等名山。在南面海岸還有不少懸崖峭壁、瀑布等，自然風光也保存得很好，使西歸浦市的人氣一點也不輸給濟州市！

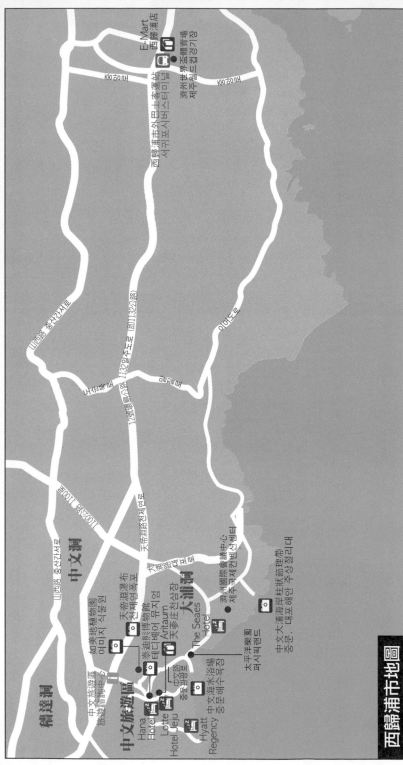

熱門景點

中文旅遊區
중문관광단지
Jungmun
Tourism Zone

中文旅遊區旅遊諮詢中心

📞 (064)7391330

🕐 09:00～18:00

➡ 從濟州國際機場坐600號機場巴士，至中文旅遊區下車，車程約1小時

🗺 P.214

中文旅遊區是深受遊客歡迎的綜合旅遊區，因為旅遊配套與景點集中，住的、看的、玩的、吃的、買的統統都有，且景點多元化，讓遊客能在一個地方有多種體驗。有一家大小都喜愛的如美地植物園和泰迪熊博物館，也有獲聯合國世界地質公園認證的地質景點，還有讓你一展身手的高爾夫球場、中文漁村和浴場。

大自然的鬼斧神功魅力

中文旅遊區內

中文大浦海岸柱狀節理帶
중문. 대포해안 주상절리대
Jungmun
Daepohaeanjusangjeollidae

✉ 濟州道西歸浦市中文洞 2663(中文旅遊區)

📞 (064)7466616

🕐 日出～日落

💲 成人2,000 won、學生1,000 won、65歲以上者免費

➡ 從濟州國際機場坐600號機場巴士至濟州國際會議中心(제주국제컨벤션센터)，車程約1小時

🗺 P.214

中文大浦海岸是韓國規模最大的柱狀節理帶，但究竟什麼是柱狀節理帶呢？簡單來說，漢拏山流出溫度非常高的熔岩，形成了玄武岩，當玄武岩經過高溫後高速冷卻收縮，表面就會裂開，就是現在我們看到的一層又一層的柱狀節理帶。柱狀節理大多是四角、六角形，而中文大浦海岸的以五、六角形爲主。垂直的節理沿岸整齊排列，有些更長得像扭曲的骷髏，這一切竟然是大自然的傑作！海水拍打在柱狀節理帶，近岸的柱狀節理帶較平滑。

柱狀節理帶鄰近濟州國際會議中心，主要用作國際會議場地，底層有冰淇淋店Baskin Robbins和甜甜圈店Donkin's Donuts，方便前來附近的遊客稍作休息。

亞洲最大的玻璃溫室

中文旅遊區內

如美地植物園
여미지 식물원
Botanical Garden Yeomiji

 濟州道西歸浦市穡達洞2920(中文旅遊區)

📞 (064) 7351100

🕐 09:00～18:00

💲 成人6,000 won、18歲以下學生4,500 won、13歲以下兒童3,000 won、65歲以上者3,000 won

➡️ 從濟州國際機場坐600號機場巴士，至中文旅遊區下車，車程約1小時

MAP P.214

　　走進如美地植物園，一眼就看到圓柱形的塔，原來是溫室植物園的展望台。而1樓的溫室頂部則由透明物料的三角形柱體組成，就算在室內，也感到陽光無處不在。正因為溫室充分的自然光，陽光曬在荷葉、蓮花上，植物顯得更加朝氣勃勃。如美地植物園的溫室是亞洲規模最大的，溫室中心的四周是不同植物種類的園區，分為熱帶花類、水生植物、仙人掌、灌葉植物、熱帶水果5大類。近入口處有濟州常見的石頭像和具藝術性的盆景作點綴。而位於溫室正中央的展望台有38公尺高，坐電梯後再沿螺旋樓梯走上去，可到達展望台的最高層，從高處欣賞中文旅遊區的全景。

　　包圍展望台的是露天植物園，露天植物園以日、韓、義、法4國風格的庭園為主題。中、日、韓的文化互相影響，從日、韓庭園中，不難發現中國庭園常見的元素，如錦鯉、池塘、小橋、亭子等。而歐式的庭園則有較多的人工擺設或修飾，如噴泉、雕像、修剪成幾何圖案的草坪。從種種的細節，如美地植物園實在花了不少心思設計，有主題之餘，亦有美感，是遊人的拍攝熱門區。

日、韓庭園

主題元素：錦鯉、池塘、小橋

主題元素：瀑布、城堡

義大利庭園

主題元素：噴泉、雕像、修剪成幾何圖案的草坪

法國庭園

　　為了增加新鮮感，如美地植物園定期因應不同的季節、節慶舉辦主題性的展覽會，譬如12月的慶典展覽會，主角是聖誕花，配合著小屋、聖誕樹、雪花樹枝，充滿聖誕氣氛，豐富了整個溫室的可看性。詳細的展覽內容可到如美地植物園的網頁查閱。

展覽會	時間
野生植物展覽會	3月下旬至4月中旬(15天)
春花節展覽會	4月至5月
灌葉植物展覽會	7月下旬至8月中旬(20天)
菊花展覽會	10月下旬至11月中旬(15天)
慶典展覽會	12月中旬至1月中旬

泰迪熊收藏的大本營

中文旅遊區內

泰迪熊博物館
테디베어 뮤지엄
Teddy Bear Museum

- ✉ 濟州道西歸浦市穡達洞2889(中文旅遊區)
- ☎ (064)7387600
- ⏰ 09:00～20:00(7/19～8/24延至22:00)
- 💲 成人7,000 won、學生6,000 won、兒童
  5,000 won、65歲以上者4,500 won
- http www.teddybearmuseum.com
- ➡ 從濟州國際機場坐600號機場巴士,至中文
  旅遊區下車,車程約1小時
- MAP P.214

泰迪熊起源於德國,可愛的臉蛋的確惹人喜愛,想不到也能在韓國輕易地看到牠的蹤跡。韓劇《宮‧野蠻王妃》掀起泰迪熊的熱潮,宮殿房間常擺設很多可愛的泰迪熊,女主角會跟泰迪熊訴心事,也曾跟皇后到濟州泰迪熊博物館參觀。託劇集的鴻福,濟州泰迪熊博物館大受歡迎,在首爾南山塔、京畿道坡州市、雪嶽大明度假村、慶州都可以看到泰迪熊的蹤跡。

歷史館

歷史館以可愛的泰迪熊呈現世界各地的歷史著名事件,所有的泰迪熊根據時間、場合換上不同的造型,而且不單單賣弄樣子,還配合音效、動作。牠們有的在演奏;有的專注殺敵;有的熱情跟你揮手;有的舞龍舞獅,可說是外表與才技並重,讓小朋友有趣地學習世界歷史。除了歷史事件之外,歷史館還陳列了其他國家設計製造的泰迪熊,不少來自德國、日本,牠們跟我們平常看到的泰迪熊不太一樣,不一定是可愛型,有的是走性格路線,譬如抽雪茄的深色泰迪熊。

藝術館

　　雖然叫作藝術館，但並不是正正經經地展覽藝術品，而是跟著名的藝術品開個小玩笑，充滿幽默感。像模仿「思想者」的泰迪熊，牠是整個博物館最認真思考的泰迪熊；為了跟原作更相像，「蒙娜麗莎的微笑」裡的泰迪熊還添加了假髮；「創造亞當」裡上帝創造亞當，神聖非常，泰迪熊則展現了另一種感覺。藝術館還提供了原作的小仿圖作對照，相映成趣。

　　生活也是一種藝術，除了供人放在美術館的世界名作外，也可以看到充滿生活感的泰迪熊，有在市場擺賣的、有在濟州島踏單車的、有參加傳統婚禮的、有在河邊工作的。

泰迪熊博物館

泰迪林

有些人或許以為底層只有紀念品店和餐廳，其實室外陽光都充足，大型的泰迪熊和場景皆是拍照留念的好地方。泰迪熊很懂得享受大自然，最喜歡在郊遊、釣魚、燒烤，連婚禮也要在戶外辦。

博物館裡還有一些不能正式歸類的作品，譬如樓梯牆上展示了與韓國設計師的合作，在紮染布上以拼貼做出泰迪熊的樣子，還有用毛毛布做成半立體的泰迪熊撲克牌。博物館底層有一頭巨型的泰迪熊，小朋友站在旁邊，就像小矮人。館內局部會定期更新，今年去了，明年再來，就不一樣啦！

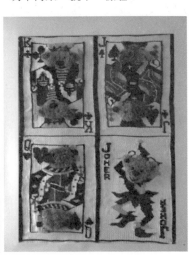

玉皇大帝的仙女淵池

中文旅遊區內

天帝淵瀑布
천제연폭포
Choenjeyeon Falls

- ✉ 濟州道西歸浦市穡達洞3381-1(中文旅遊區)
- ☎ (064)7381529
- ⏰ 日出～日落
- 💲 成人2,500 won、學生1,350 won、65歲以上者免費
- ➡ 從濟州國際機場坐600號機場巴士，至中文旅遊區下車，車程約1小時
- 🗺 P.214

天帝淵瀑布是少有的三段式瀑布，相傳天宮七仙女每天晚上都會來這裡洗澡，所以才有「天帝淵瀑布」之名，當然現在瀑布都不能游泳了。石樓梯把第一、二段瀑布連接起來，而第三段瀑布的距離較遠，要通過一段較長的木製路散步才能到達。因爲位於瀑布附近，濕氣較重地面較滑，要特別小心，不要滑倒。

天帝淵瀑布裡有一條仙臨橋，是一條刻有天宮七仙女的拱橋，仙臨橋的一端是三段瀑布，另一端是天帝樓和五福泉雕像。五福泉雕像的龜、熊、龍、鴛鴦、鯉魚，分別代表著長壽、財富、榮譽、愛情、多子，根據自己想祈求的，向那個方位投幣，如果硬幣能投進五福泉雕像上的幸運錢袋，就會得到祝福，收益會用作慈善用途。

旅 行 小 抄

中文小路散散步

中文旅遊區有很多漂亮的酒店，其中，樂天酒店花園內的風車屋是韓劇及綜藝節目的熱門取景地，晚上配合燈光更好看。風車屋對外開放，是偶來第八條會途經的地方，東面連接國際會議中心及中文大浦海岸柱狀節理帶，從風車屋散步過去，約需1小時。從附近的展望台還可從高處看到風高浪急的中文海水浴場，雖然海浪急，並不適合常常進行水上活動，但是個不錯的觀浪、衝浪點。

中文海水浴場

世界第二大、僅次德國

巧克力博物館
초콜릿 박물관
Chocolate Museum

✉ 濟州西歸浦市大靜邑日果里 551-18

📞 (064)7923121

🕐 1~2月10:00~17:00；3~6月、9~10月延至18:00；7~8月延至19:00

💲 3,000 won

http www.chocolatemuseum.org

➡ 濟州國際機場坐100號巴士到市外巴士客運站，再坐前往摹瑟(모슬)方向的巴士，下車轉乘計程車前往

MAP P.172

巧克力博物館是一座由濟州的玄武岩所建成的城堡，城堡前有一大片草地，還有一台小火車，充滿歐陸風情，好像身處童話故事裡。濟州的巧克力博物館是繼德國後全世界第二大規模的巧克力博物館，基本當然有世界各國有關巧克力的資料與展品，還有有影片介紹可可豆怎樣搖身一變成為女孩子最喜愛的巧克力。在巧克力工廠裡，可以看到巧克力的製作過程，也可以把新鮮製成的巧克力買回家。另外，3,000 won的門票還包含一杯熱可可，讓你邊走邊喝，很體貼。不過博物館交通不算方便，建議環島的駕車人士才來。

世界自然遺產之一

城山日出峰
성산일출봉
Seongsan Ilchulbong

- ✉ 濟州道西歸浦市城山邑城山里114
- ☎ (064)7107923
- ⊙ 日出前1小時～20:00
- 💲 成人2,000 won、學生1,000 won、65歲以上者免費
- ➡ 濟州國際機場坐100號巴士到市外巴士客運站,再坐前往城山里方向的巴士到城山日出峰
- MAP P.172

城山日出峰高180公尺,1小時就能來回山頂,時間比漢拏山平易近人,難怪停車場停滿旅行團的車,整個山頭也是人。除了時間性外,日出峰當然還有很多吸引遊客的地方,雖然濟州島火山到處都有,但300多個火山中,只有10多個由水性火山爆發而成,高度較高,火山口較小,而日出峰就是其中一個,由凝灰岩構成。日出峰原本是一個島嶼,但經過長期的的海水侵蝕而面積變小,最後與濟州島的東面連成一體,三面環海,現今已被指定為世界

旅行小抄

濟州島東面一天遊

雖然牛島是在濟州市,城山日出峰是在西歸浦市,但實際位置卻是非常近,坐計程車往返兩地,只需5～10分鐘,它們很適合編排在同一天的行程,以節省交通時間。

自然遺產之一。

城山日出峰的山脊鋪滿草地，綠草如茵，可以在草地上散步或騎馬，4月開滿油菜花時，煞是好看。沿著主要石版路走半小時，就可以到達山頂，一邊是一望無際的的海景，另一邊是市區的屋景，不過日出峰的天氣較飄忽，有時候陰天或大霧。無論如何，日出峰還是濟州第一的欣賞日出的好地方，日出峰每年1月1日也會舉行「城山日出節」，鼓勵旅客在日出峰看新一年的第一個日出。告訴大家一個小祕密，日出不一定要登山頂看，在沿岸地方看著太陽從日出峰旁升起，景色

也非常漂亮。

城山日出峰山腳處有兩條分岔路，一條通往山頂，一條通往海邊的小洞，這個洞穴是第二次世界大戰時日軍用來收藏軍火，現在洞穴已用作海鮮餐廳之用，讓大家登日出峰後補充體力，而洞穴外每天有兩次海女潛水的表演。

既然城山日出峰是著名的旅遊景點，山下少不免有很多紀念品店，但最受歡迎的竟是蜜糖餅，表面看上去像是花生麵包球，塗了蜜糖後炸，裡面包著紅豆，深受本地人喜愛，是來日出峰必買的小吃。

西歸浦市—熱門景點

城山日出峰

對石頭行禮

登城山日出峰會經過一塊長滿植物的燈擎岩，按照風俗，我們要向它行4次禮，為什麼要對石頭行禮呢？原來首2次是給創造濟州島的雪門台婆婆，後2次是給保護國家的金通常將軍。

何謂水性火山

在熾熱的岩漿向地表上升過程中，若遇到地下水或海水的話，會產生強烈的水性火山爆發。簡單來說，火山由從地殼噴出的地下岩漿形成，而水性火山代表爆發時有水的存在，譬如：在深海裡爆發，水壓大導致強烈的火山爆發。

守護女神的祝福眼淚

山房窟寺
산방굴사
Sanbanggulsa Temple

- ✉ 濟州道西歸浦市安德面沙溪里山16
- ☎ (064)7942940
- ⏰ 日出~日落(因四季的日出日落時間不一，所以沒有明確的時間)
- 💲 成人2,500 won、學生及兒童1,500 won、65歲以上免費
- ➡ 濟州國際機場坐100號巴士到市外巴士客運站，再坐前往山房山方向的巴士到山房山(산방굴)，車程約1小時
- 🗺 P.172

從山房山巴士站昂頭上山，看到入口處金色的佛像，就知道沒有來錯地方。近山腳處有幾個大殿，與我們平常看到的相似，但既然稱得上山房窟寺，至少也要有洞窟吧？沒錯，但要先走好幾段長樓梯才能登上懸崖上的岩石洞，洞窟內供奉著佛像，有大師頌經，感覺莊嚴，信徒可跪拜祈福。洞頂上長年有水珠滴下，傳說是山房山的守護女神的眼淚，喝過後會得到祝福。

從山房窟寺可看到龍頭海岸，10分鐘就可以走到。龍頭海岸是比漢拏山還要悠久的火山體，由火山灰堆積而成，經長年侵蝕後只

剩下一小部分，有4分之1露出水面，就是我們現在看到的龍頭海岸，因形狀有點像探頭進海的龍頭而得名。4月開滿油菜花時最好看，另外，龍頭海岸附近是個小遊樂園，不會把小朋友悶壞。

  知識充電站

韓國人的宗教信仰

在首爾或濟州遊走，常見到很多教堂或十字架標誌，原來基督教和天主教是韓國最多人信奉的宗教，平均每4個韓國人就有1個人是信徒，是東亞國家中比例最高的，難怪教堂到處都有。而緊隨其後的是佛教，但寺廟卻不常見，向本地人了解，得知寺廟多建於深山或郊外，很少在城市裡，而山房山窟寺是濟州較方便前往的寺廟。

Seogwipo-si

我和山房山溫泉的緣分

玩家交流

第一次去濟州島時，韓國朋友幫忙找來一間山房山溫泉旅館。因為這是我第一次泡溫泉，溫泉阿姨有點擔心，主動示範要先後到不同的溫泉浸泡，離開時還請我喝香蕉牛奶，讓我愛上泡溫泉，也愛上香蕉牛奶。

第二次去濟州島時，我們從濟州市逆時針方向騎單車環島，騎完單車後泡溫泉，感覺可以恢復體力。這次遇到會英文的阿姨，她說浸泡的時間長，效用會愈好，一泡就是2個小時，她真的很會享受，難怪有了3個孩子還很年輕。另外，山房山到松岳山的沿路風景很漂亮，如果想進行半天的單車遊，這裡是不錯的選擇。

第三次去濟州島時，感覺自己已經是山房山溫泉的老客人了，晚上泡泡溫泉才上床睡覺，早上起來第一時間也是來泡泡溫泉，大概之後也會一直來。

促進循環的保健功效

濟州山房山碳酸溫泉
제주산방산탄산온천
JejuSanbangsan Mineral Hotspring

- ✉ 西歸浦市安德面沙溪里981
- ☎ (064)7928300
- ⏰ 05:00~24:00
- 💲 成人11,000 won、學生8,000 won、兒童5,000 won
- http www.tansanhot.co.kr
- ➡ 濟州國際機場坐100號巴士到市外巴士客運站，再坐前往山房山方向的巴士到碳酸溫泉站(탄산온천)，車程約1小時
- MAP P.172

山房山碳酸溫泉是濟州的國民碳酸溫泉，泉水來自深層地底，含有豐富的碳酸，有助於血管擴張、血液循環、減低血壓、預防心臟病等等。療效吸引了不少韓國旅客前來，而旅途上泡溫泉，能夠使身心得到真正的放鬆。室內的淋浴間和溫泉間連在一起，有5個溫度不一的溫泉，需冷、熱溫泉交替去泡，另外，也附設桑拿房和室外泳池。泡完後可到附設的餐廳吃點東西，補充能量。

濟州民俗村博物館
제주민속촌박물관
Jeju Folk Village Museum

- ✉ 濟州道西歸浦市表善面表善里40-1
- 📞 (064)7874501
- 🕐 08:30～17:00(7/16～8/31延長至18:30；
  4/1～7/15、9月延長至18:00)
- 💲 成人8,000 won、學生5,500 won、兒童及
  65歲以上者4,000 won
- http www.jejufolk.com
- ➡ 濟州國際機場坐100號巴士到市外巴士客運
  站，再坐前往表善里方向的巴士到表善里(
  표선리)，下車步行5分鐘
- MAP P.172

濟州民俗村博物館又名大長今主題公園，因為足足有5集的《大長今》在這裡拍攝，大家還記得長今曾被驅逐到濟州島嗎？長今就是來到這裡做官婢，男主角閔政浩也是這個時候趕過來協助長今，後來長今因緣際會下跟隨醫女張德學習醫術，日後才得以以醫女的身分回到宮中。除了入口處大型的劇照外，《大長今》拍攝場景旁都會有劇照對照，甚至還有個大長今小型主題公園，展出《大長今》的拍攝資料及演員的親筆簽名。

如果你不是《大長今》的超級粉絲，也不打緊，濟州民俗村是個活生生的博物館，讓大家認識以前的濟州生活。民俗村的背景為日本占領濟州前的1890年，濟州島有557條以上的村莊，集中於沿海地帶，按海平面的高度分為山村、山腰村和漁村。仔細看，就會發現各村莊的分別，它們從事的工作不一樣，村裡的房屋也會有點不一樣，譬如山上的主要以農業和畜牧業維生，房屋旁的木柵欄裡的養著2頭牛，近海的主要以農業和漁業維生，屋裡就有

濟州民俗村博物館

漁具，海女也是住在漁村。另有官衙、市集、海女之家、農具展示館等。濟州民俗村有百多間的傳統房屋，可想而知，民俗村的面積有多大！如果單靠步行，真的很累人，大家不妨多多利用民俗村的火車代步。

只有傳統房屋，濟州民俗村未免太悶人了，所以它在村莊間加入一些遊戲、體驗或工藝坊，可以拿起古時的小工具，在泥沙上自如地行走，也可以穿著韓國的傳統禮服拍攝婚紗照，價錢約35,000～60,000 won。工藝坊也有不同的種類，有木工、木板畫、韓國書法、書法雕刻、烙畫諸如此類，最令人高興的是可以看到駐場的藝術家親自示範。另外，木工藝坊的濟州爺爺紀念品由人手雕刻，比一般看到的獨特。

可惜這附近的旅遊景點不算集中，只有人煙稀少的表善里海水浴場，建議《大長今》超級粉絲或環島的駕車人士才來，如果參觀後尚有時間，可到濟州香草花園(제주허브동산，電話:(064)7877362)，可以在芳香的香草下品嘗香草茶和香草製的食品。

229

購物名店

跟濟州市相比，西歸浦市的商場或購物街比較少和分散，不過西歸浦市有很多熱門景點，大都設有紀念品店，部分還僅此一家，建議大家參觀時順道一看。

品質純正人蔘店

天蔘庄
천삼장

- ✉ 濟州道西歸浦市穡達洞2700(中文旅遊區Aritaum旁)
- ☎ (064)7385633
- 🕐 10:00～21:00
- ➡ 從濟州國際機場坐600號機場巴士，至中文旅遊區下車，車程約1小時
- MAP P.214

　　韓國的高麗人蔘著名，播種後需4至6年才能收成，而紅蔘的根部呈暗紅色，藥性溫熱，適合虛寒體質的人。天蔘庄是韓國其中一個著名的韓國紅蔘品牌，樂天百貨也有代理，中文旅遊區也有天蔘庄的專賣店。天蔘庄的賣點是直接從人蔘農協的農場進貨，作為禮品送給長輩也很得體。如果不會韓文，在這種專賣店購買會比市場保險，因為價格比較透明，也不用擔心買到假貨。

眾多泰迪熊紀念商品

Teddy Bear Republic

- ✉ 濟州道西歸浦市穡達洞2889泰迪熊博物館
- ☎ (064)7387600
- 🕐 09:00～20:00(7/19～8/24延至22:00)
- http www.teddybearmuseum.com
- ➡ 從濟州國際機場坐600號機場巴士，至中文旅遊區下車，車程約1小時
- MAP P.214(泰迪熊博物館內)

　　雖然濟州泰迪熊博物館收藏了全世界最貴的LV版泰迪熊，但你不用擔心買不起紀念品店的泰迪熊，一隻手掌這麼大的泰迪熊只售8,500 won。這裡泰迪熊的售價比想像中便宜，因為不同的生產地，價格也有分別，外國製的泰迪熊比較貴，亞洲國家製的比較便宜，放在玻璃窗的特別版泰迪熊原產外國，價錢昂貴，而其他放架上的多是亞洲製，手臂這麼長的潛水員泰迪熊約26,000 won，泰迪熊的化妝袋11,000 won，全店的泰迪熊產品多達300款以上！

圖片提供 / Helena

Seogwipo-si

●● 化妝保養品店

Aritaum

- ✉ 濟州道西歸浦市穚達洞2700 (中文旅遊區)
- ☎ (064)7807679
- 🕙 10:00～21:00
- http www.aritaum.com
- ➡ 從濟州國際機場坐600號機場巴士,至中文旅遊區下車,車程約1小時
- MAP P.214

泰迪熊博物館旁邊有個小購物區,化妝保養店Aritaum開在顯而易見位置,旗下的Laneige、韓律與IOPE等品牌均有售。在濟州旅遊每天都在跟太陽玩遊戲,就算做足防曬工作,皮膚也很容易曬傷。店裡職員推薦Aritaum推出的自家品牌面膜,當中的馬鈴薯面膜是暴曬後舒緩皮膚的絕佳幫

手喔!另外,蘆薈面膜也具有理想的鎮靜作用,每片僅售1,000 won,適合玩一天後晚上使用。Aritaum旁是天蔘庄,專售高麗紅蔘。

左:蘆薈面膜
右:馬鈴薯面膜

●● 大型的綜合特賣場

E-Mart（西歸浦店）

- ✉ 濟州道西歸浦市法還洞841-2
- ☎ (064)7971234
- 🕙 10:00～23:00
- http www.emart.com
- ➡ 從濟州國際機場坐600號機場巴士,至西歸浦市外巴士客運站下車,車程約1小時
- MAP P.172、P.214

E-Mart是綜合特賣場,首爾有好幾間大型的E-Mart。而濟州的規模比較少,西歸浦店只有2層,但已能滿足居民和遊客的需要。1樓有超市特賣場和美食廣場,也有在販賣濟州特產,例如:濟州柑橘、漢挐橘、銀帶魚、黑豬、巧克力等。E-Mart西歸浦店就在西歸浦市市外巴士客運站旁,附近有世界盃體育場,亦是偶來第7-1條的起點。

美食餐飲

跟濟州市相比，西歸浦市的餐廳比較分散，中文旅遊區會有比較多的選擇，但因為是高級酒店區，價格比較貴，如果是遠離中文旅遊區，交通又不是很方便。有些旅遊景點附設餐廳，建議大家盡量利用，可以省下時間，想吃好的、便宜的就留在濟州市吧！

// 鮮嫩多汁的烤黑豬肉

漢拏山黑豬肉餐廳
한라흑돼지식당

- 濟州道西歸浦市城山里174-3
- (064)7821196
- 11:00～22:00
- 10,000～15,000 won
- 濟州國際機場乘坐100號巴士到市外巴士客運站，再坐前往城山里方向的巴士到城山日出峰(성산일출봉)
- MAP P.172

漢拏山黑豬肉餐廳位於城山日出峰附近，不少人為了登城山日出峰看日出而住在這邊，所以附近有很多民宿，也吸引了不少海外遊客，餐牌也設英文和日文。看到門口貼著小黑豬的照片，就知道餐廳的招牌菜是烤黑豬肉(흑돼지，音：Heukdwaeji)。在韓國吃烤肉一定要有豐富的配菜，這裡就有辣醬、辣椒、蒜頭、泡菜、腐皮、豆芽菜、洋蔥等，可以按自己的喜好把配菜和烤肉包進生菜、薄荷葉裡吃，也可以另點冷麵和飯。每份烤肉約8,000～11,000 won，比中文旅遊區便宜多了，不過黑豬的價格會比一般的五花肉略貴，因為黑豬是經過特別的飼養過程，只吃天然的飼料。這裡綠色的韓國辣椒也是配菜之一，但頂部超級辣，記得不要隨便亂吃！

使人饞涎欲滴的柑橘冰淇淋

濟州山房山
碳酸溫泉餐廳

- ✉ 西歸浦市安德面沙溪里981濟州山房山碳酸溫泉
- 📞 (064)7928300
- 🕐 05:00～24:00
- 💲 5,000～13,000 won
- ➡ 濟州國際機場乘坐100號巴士到市外巴士客運站，再坐前往山房山方向的巴士到碳酸溫泉站(탄산온천)，車程約1小時
- 🗺 P.172

山房山碳酸溫泉是在公路上，附近只有旅館，最近的山房窟寺也需要坐車才能到。但這裡有溫泉，有溫泉就代表有吃的，而且溫泉附設的餐廳選擇豐儉由人，

最便宜5,000won就能吃一個簡單的午餐，也可以是早出門時的早餐良朋。餐廳還有售很多小吃，其中最吸引的是柑橘冰淇淋，用濟州的柑橘做，有夾餅冰淇淋、雪糕、冰棒這3款。夾餅冰淇淋分3層，最外面是夾餅，再來是一層薄薄的柑橘果醬，裡面就是一整磚柑橘味冰淇淋。

風景怡人快餐店

泰迪熊博物館
儂特利Lotteria

- ✉ 濟州道西歸浦市穡達洞2889號園
- 📞 (064)7387600
- 🕐 09:00～18:00(7/19～8/24延至22:00)
- 💲 3,000～6,000 won
- ➡ 泰迪熊博物館內
- 🗺 P.214

Lotteria是在泰迪熊博物館最底層的快餐店，一般遊客大多逛完2層的歷史館、藝術館才會來到底層，Lotteria就在紀念品店旁邊。雖說是快餐店，但店裡裝潢更像一家現代化的優閒咖啡店。Lotteria採落地玻璃的設計，可以看到室外的泰迪熊和室外庭園森林。其實Lotteria是日本的快餐店，招牌是鮮蝦漢堡，但韓國Lotteria勇於創新，推出加入本地

元素的泡菜漢堡、米飯漢堡，現在Lotteria在韓國的氣勢比在日本更強！

精選酒店

　　韓國本地遊的風氣盛行，為了節省假期，不少上班族或家庭會選擇週末到濟州島。暑假也是另一個旺季，住宿會較為緊張，最好提早預訂酒店。北面的濟州市和南面的中文旅遊區之間的車程多於1小時，所以酒店位置的選擇也很重要，如果以巴士作為主要交通工具，新濟州市、舊濟州市和中文旅遊區的酒店會比較適合遊客。

　　新濟州市有很多道地的美食，晚上不愁沒吃的，街上的商店也多，而且交通還算方便，坐100號巴士就能到市外巴士客運站，新濟州市的酒店以經濟型為主，標準房間由60,000won起。

　　相比新濟州市的酒店，舊濟州市的酒店離市外巴士客運站更近，車程更短。而且舊濟州市酒店附近也有塔洞廣場和東門市場，晚上可以逛得沒完沒了。中文旅遊區則是濟州島規畫的旅遊區，區內有多個旅遊景點與多間高級酒店，可省下從濟州市坐車過來的時間，不過價錢也因而較高，適合住宿預算較多的朋友。

新濟州市酒店

酒店	電話	網址	價格
The Sunland Hotel	(064)7441601	www.jejusunlandhotel.com	60,000 won起
Hotel Marina	(064)7466161	www.jejumarinahotel.co.kr	99,000 won起
Jeju Wahaii Hotel	(064)7420061	www.jejuhawaii.co.kr	120,000 won起
Hotel New Crown	(064)7421001	www.hotelnewcrown.co.kr	150,000 won起
The Hotel & Vegas Casino	(064)7418000	www.thehotelasia.com	164,450 won起
The Baume Couture Boutique Hotel	(064)7988000	www.baume.co.kr	60,000 won起

舊濟州市
酒店

酒店	電話	網址	價格
Jeju Seoul Tourist Hotel	(064)7522211	www.jejuseoul.co.kr	60,000 won起
Robero Hotel	(064)7577111	www.roberohotel.com	99,000 won起
Jeju Oriental Hotel	(064)7528222	www.oriental.co.kr	120,000 won起
Ramada Plaza Hotel Cheju	(064)7298100	www.ramadajeju.co.kr	150,000 won起

中文旅遊
區酒店

酒店	電話	網址	價格
Hana Hotel	(064)7387001	www.hotelhana.co.kr	165,000 won起
The Seaes Hotel	(064)7353000	www.seaes.co.kr	220,000 won起
Hyatt Regency	(064)7331234	www.hyattjeju.com	220,000 won起
Lotte Hotel Jeju	(064)7311000	www.lottehoteljeju.com	380,000 won起

旅行小抄

酒店房間選擇的小提醒

酒店的房間以西式或韓式為主，韓式房間的床鋪會鋪蓋在地上，如果不習慣睡在地上的話，就選擇西式的吧，以免失眠。

Accommodations

背包客廉價旅館/青年旅舍

　韓國的背包客廉價旅館或青年旅舍大多稱為Guesthouse，濟州島是韓國著名的旅遊勝地，環島風氣盛行，沿海岸線有很多Guesthouse，價錢還算合理。另外，韓國人注重衛生，洗手間及浴室較清潔乾淨。

人類旅館
휴먼게스트하우스
JejuGuest

✉ 濟州市蓮洞268-7人類大廈2樓
☎ (070)78080135
💲 單人床位13,000 won
http www.jejuguest.me
➡ 從濟州國際機場乘計程車前往，車程約10
　　分鐘，車費約3,500won
MAP P.189

人類旅館JejuGuest是位於新濟州市的旅館，附近有巴士站、便利超商、餐廳、百貨公司，只要坐旅館對面的100號巴士就能到達市外巴士客運站，非常方便。設備樣樣俱全，可免費上網、使用洗衣機和廚房，清潔的房間主要分為4至8人的大房，價錢非常實惠，應該是全濟州最便宜的旅館。老闆曾在海外居住7年，英語很好，而且深刻明白背包客的需要。

娃哈哈旅館
와하하게스트하우스
Wahaha Guesthouse

- ✉ 濟州道西歸浦市表善里1299
- ☎ (064)7874948
- 💲 單人床位15,000 won、2人房50,000 won、4人房80,000 won，旺季會有附加費
- http www.wahahajeju.co.kr
- ➡ 濟州國際機場乘坐100號巴士到市外巴士客運站，再坐前往表善方里向的巴士到表善里站(표선면)，下車步行至濟州民俗村博物館，旅館會有免費pickup服務，聯絡電話為0162684948，或轉乘計程車到旅館，車費約3,000won
- MAP P.172

Wahaha Guesthouse可說是濟州較國際化的旅館，網頁設有英文版面，牆上的水松版貼滿了從各國寄來的名信片、相片。旅館還有一大片草地花園，裡面接待處的設計有點像織布坊。這裡的住宿氣氛很好，大家會一起吃宵夜、早餐。旅館面向東面的大海，天亮就欣賞到日出。旅館老闆曾在中國生活了2年，會說中文。

山房山溫泉旅館
산방산온천게스트하우스
Sanbangsan Guesthouse

- ✉ 西歸浦市安德面沙溪里981
- ☎ (064)7922755
- 💲 單人床位20,000 won(包溫泉卷)
- http www.sanbangsan.co.kr
- ➡ 濟州國際機場坐100號巴士到市外巴士客運站，再坐前往山房山方向的巴士到碳酸溫泉站(탄산온천)，車程約1小時
- MAP P.172

Accommodations

山房山旅館是位於山房山寺附近的旅館，房間以竹簾分隔，簡潔舒適，大廳共用的地方很大，也可免費上網和使用洗衣機。旅館職員會說簡單英語，還會不定期舉辦燒烤派對，非常熱鬧。這裡最有名的是旁邊的碳酸溫泉，不少韓國人專程駕車來泡溫泉，住客憑券就可以免費享受溫泉，溫泉更附設合理價錢的美食餐廳。還有，山房山溫泉旅館每天早上定時免費接送住客到附近的山房山寺，讓住客省下了不少的交通時間。

特色民宿

濟州的民宿多得數不清，沿岸常看到民宿(민박，音：Minbag)的招牌，但大部分民宿沒有設置網頁，而且民宿主人主要接待韓國人，可能完全不會英語，如果會韓文的話，找民宿和溝通也會比較方便。城山日出峰是觀賞日出的最佳地方，附近有很多民宿，如果一心要到城山日出峰看日出，建議前一晚住在附近的民宿，第二天起床後步行至城山日出峰。

青山民宿
청산민박

📧 濟州道西歸浦市城山里
📞 (064)7822308
💲 雙人房30,000 won
➡️ 濟州國際機場坐100號巴士到市外巴士客運站，再坐前往城山里方向的巴士到城山日出峰(성산일출봉)
🗺️ P.172

為了方便看日出，不少人選擇住在城山日出峰附近小鎮的民宿，而青山民宿就是其中一個，走路的話，只需15分鐘就能到城山日出峰。青山民宿附近都是一些韓式小屋，充滿生活感，而且房間外還有一個空曠的地方，可以乘涼或晾衣服。民宿兩夫婦都不會英文，但還是很熱心跟外國客的我們溝通。缺點是民宿是在巷子內，不容易找，可以到達小鎮後致電民宿主人，他會騎著單車來接你。

TRAVEL INFORMATION
實用資訊

首爾‧濟州旅遊黃頁簿

Travel in Seoul‧Jeju

遊客在行程上所需要的所有資訊盡皆囊括其中，讓您的行程規畫得更為完整，確保旅遊的平安與舒適。

【前往與抵達】(P.240)
＊簽證
＊海關
＊航空公司
＊政府單位

【航空與交通】(P.242)
＊機場
＊機場交通
＊地鐵
＊計程車
＊巴士

【觀光客服務台】(P.245)
＊旅遊諮詢中心

【消費與購物】(P.246)
＊營業時間
＊貨幣
＊消費指南表
＊折扣日
＊小費
＊退稅

【日常生活資訊】(P.247)
＊國定假日&溫度對照表
＊打電話
＊節慶
＊醫院與藥局
＊網路
＊郵寄
＊電器使用
＊報紙與媒體
＊治安
＊實用網站
＊朝鮮半島非軍事區旅行團

前往與抵達
DEPARTURE & ARRIVAL

簽證

持台灣護照可免簽證在韓國停留30天。如因遊學、留學、洽公等原因而需在韓國停留30天以上者，必須提前辦理簽證，一般在提交申請書及相關文件後，可以在3到4個工作天內取得簽證。

簽證所需文件

★ 申請人之護照正本及基本資料頁影本

★ 申請人之國民身分證及影本

★ 申請書(須貼上6個月內2寸彩色照片1張)

★ 所需文件，例如：

◎商務：在職證明、出差證明、公司營利事業登記證影本(務必蓋公司印章)、韓方公司的邀請函(務必韓國法律事務所公證)、韓方公司營利事業登記證影本

◎留學：標準入學許可書正本、財力證明書(NT$30萬以上)、學習計畫書(300字以上)

◎遊學：標準入學許可書正本、財力證明書(NT$30萬以上)、學習計畫書(300字以上)

★ 手續費

簽證手續費

90天以下單次往返簽證	NT$900
90天以上單次往返簽證	NT$1500
多次往返簽證	NT$2,400

簽證辦理地點

✉ 台北市基隆路1段333號1506室

☎ (02)27588320(台北電話)

🕐 09:00～18:00

🔗 taiwan.mofat.go.kr

海關

　　機上的空服人員會發給你入關的表格，必須填寫好「入國申請書」及「物品申報單」。如旅客所持的外幣或韓幣(包括支票)不超過10000美元，而攜帶的物品皆為免稅及無須申報，可選擇在免課稅的簡便海關櫃台辦理手續。

　　記得出入境韓國最好不要攜帶動、植物，否則應向相關部門申報、提供檢疫證明書、接受檢疫或隔離，詳情請到韓國植物檢疫所或動物檢疫所的網址查詢。

免稅物品
• 隨身攜帶的自用衣服、首飾、化妝品及日用品
• 香菸200支、香水2盎司(約56.8毫升)
• 酒類一瓶(1000毫升)
• 400美元以下的禮物

韓國關稅廳
http chinese.customs.go.kr

韓國植物檢疫所
http www.npqs.go.kr/homepage/chiness

韓國動物檢疫所
http www.nvrqs.go.kr/Chinese

航空公司

　　不少航空公司有辦由台北直飛往首爾的航班，單程約2.5小時。另外，華信航空也有辦由高雄直飛往首爾的航班，單程約3小時。由台灣往濟州，主要有3種選擇：從台北直飛、經上海轉飛、經首爾轉飛。(濟州交通見P.174)

台北飛往首爾航空公司查詢電話
大韓航空(Korean Air)
(02)25182200 (台北電話)
www.koreanair.com

中華航空(China Airlines)
(02)25455700 (台北電話)
www.china-airlines.com

長榮航空(Eva Air)
(02)25011999 (台北電話)
www.evaair.com.tw

泰國航空(Thai Airways)
(02)87725111 (台北電話)
www.thaiairways.com.tw

國泰航空(Cathay Pacific)
(02)27152333 (台北電話)
www.cathaypacific.com

韓亞航空(Asiana Airlines)
(02)25814000 (台北電話)
ea.flyasiana.com

高雄飛往首爾航空公司查詢電話
華信航空(Mandarin Airlines)
(07)8026868 (高雄電話)
www.mandarin-airlines.com

政府單位

　　駐韓國台北代表部，是台灣政府在韓國的代表機構，負有確保國家利益及保護韓國地區僑民權益的任務。

駐韓國台北代表部
✉ 首爾鍾路區世宗路211光化門大廈6樓
☎ 辦公室電話：(02)3992780
　急難救助專線電話：(02)3992767；(02)3992768
　急難救助行動電話：01190802761
⁉ 急難救助電話專供車禍、搶劫、被捕等緊急之用，非急難重大事件，請勿撥打。有關護照、簽證等一般領事事務事項，請於上班時間以辦公室電話查詢。
🕘 09:00～15:00
休 週六、日
http www.taiwanembassy.org/KR

航空與交通
TRANSPORTATION

機場

　　仁川國際機場是乘坐國際航班到首爾的必經之地，距首爾市中心最快45～55分鐘的車程，坐機場鐵路AREX或機場巴士就能直達金浦機場或首爾市中心，非常便利。仁川國際機場共分為地面4層和地下2層，1樓是入境廳，3樓是離境廳。

　　距離仁川國際機場約30分鐘車程的金浦機場，專營國內航班，例如：首爾往返濟州。(濟州交通見P.174)

仁川國際機場

✉ 仁川中區雲西洞仁川國際機場客運總站2850
☎ 機場諮詢：15772600
　　失物招領：(032)7413110
http www.airport.or.kr

機場交通

旅行小抄

待機時好去處

辦理好登機手續後，在登機閘口不知怎樣打發時間？不妨到附近的傳統文化體驗館轉一個圈，只要30分鐘就能上一節免費的傳統工藝品製作班，體驗傳統的DIY之餘，又能把製成品帶回家留個小紀念。而且老師會說中文，學習就更得心應手。如果幸運一點的話，還有機會欣賞到傳統樂器的小小演奏會，仁川國際機場的服務很貼心呢！

韓國傳統文化體驗館

✉ 3樓24號登機閘口附近(Fizz and Jazz旁)，以及3樓40號登機閘口附近(Nescafe咖啡廳對面)

快捷便利的機場鐵路AREX

機場鐵路AREX的行駛路線已開通到位於市中心的首爾站，途經金浦機場、弘益大學等轉線地鐵站，不但快捷、便宜，而且不用擔心路面的塞車情況，真是自助旅行者的一大喜訊。不過機場巴士的路線多，如果停靠站和目的地很近，就不需要換乘，所以機場巴士還是有其競爭力。

機場鐵路AREX

http www.arex.or.kr

由仁川國際機場前往首爾市中心的3種方式：

方式	種類	費用	車程
機場鐵路AREX	一般列車(Commuter Train)	從機場到首爾站，票價為3,800 won	約53分鐘
	高速列車(Express Train)	從機場到首爾站，票價為13,300 won	約43分鐘
機場巴士	機場巴士	從機場到首爾市中心各區，票價約10,000 won	約60～90分鐘
	高級機場巴士	從機場到首爾主要高級酒店，票價約15,000 won	約70～85分鐘
計程車	一般計程車	從機場到首爾市中心，費用約50,000 won	約1小時
	模範計程車	從機場到首爾市中心，費用約80,000 won	約1小時

Arex路線圖

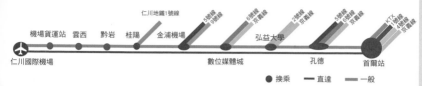

機場貨運站　雲西　黔岩　桂陽　金浦機場
仁川地鐵1號線　　　　　5號線 9號線　6號線 京義線　弘益大學　2號線 京義線　5號線 6號線 京義線　KTX 1號線 4號線 京義線

仁川國際機場　　　　　　數位媒體城　　　孔德　　首爾站

● 換乘　　━ 直達　　━ 一般

地鐵

　韓國的地鐵四通八達，班次頻繁，把首爾市各區、仁川市、周邊的首都圈地區、機場及火車站連結起來。地鐵站鄰近大部分旅遊區，站名皆以中、英、韓文顯示，加上主要車站又有國語及英文廣播，就算不會韓文，坐地鐵到處遊也很容易。單程車票可以在自動售票機買到，除車費外，每張收取押金500 won，押金可在出閘後的押金退還機取回。

首爾地鐵

🕐 05:30～24:00

⁉️ 班次：3～5分鐘

💲 總距離不超過10公里，基本車費為1,000 won。總距離10～40公里，每5公里加收100 won。總距離超過40公里，每10公里加收100 won

http www.seoulmetro.co.kr

MAP P.4

旅行小抄

首爾T-Money交通卡好康
首爾T-Money是大部分市民使用的交通卡，像台北的悠遊卡，用完後可加值，乘坐首爾地鐵、巴士時，只要在上下車時把卡放在收費感應區即可。如果以地鐵作為旅遊的主要交通工具，建議大家使用，不但可省下每次買票和退還押金的時間，而且享有每程100 won的折扣優惠、轉乘優惠、便利商店優惠。

T-Money卡

T-Money交通卡

目的	價錢
購買交通卡	2,500 won
增值交通卡	以1,000 won為單位

地方	備註
T-Money販賣及增值機Family Mart、GS25等便利店售票窗口	不能兌換現金
	餘額少於20,000 won可在便利店退回

↑T-Money販賣及增值機，以英文及韓文操作

計程車

韓國的計程車主要分為4種：

國際計程車

☎ 16442255　　⏰ 24小時

🌐 www.intltaxi.co.kr

種類	顏色	價錢	備註
一般計程車	白色銀色（5人座）	2公里內基本費用為2,400 won，每144公尺或35秒加收100 won，從午夜到凌晨4時加收車費的20%	無
模範計程車	黑色(5人座)	3公里內基本費用為4,500 won，每164公尺或39秒加收200 won，從午夜到凌晨4時加收車費的20%	較一般計程車寬敞
大型計程車	黑色（6～9人座）	同上	多採用預約制，乘客或者行李較多時，選擇大型計程車比較方便
國際計程車	橙色（5～9人座）	分為中型、模範、大型3種，中型的較一般計程車車費高出20%，模範、大型的跟上面一樣	預約制，提供國語、英語、日文的服務

旅 行 小 抄

計程車小錦囊

首爾也有提供電話叫車服務，這類的車和大型計程車的外觀相似，但計算方式複雜，是以人數及行李件數決定收費，且在搭乘時需要和司機議價。曾有旅客與他們發生糾紛和誤會，雖然只是個別事件，但為了確保大家愉快的搭乘經驗，請留意下面的小錦囊：

1. 如有需要搭乘大型計程車，最好請住宿的地方幫忙訂車。

2. 最好向住宿的地方探聽乘車至目的地的大約價錢。

3. 如有人向你提供不明來歷的計程車服務，不要胡亂上車。

4. 最好養成搭乘計程車時保留收據的習慣，以便不時之需。

5. 如有需要，可致電韓國觀光公社投訴熱線(02)7350101。

巴士

首爾巴士的路線發達，費用便宜，運行時間也較地鐵長(凌晨4點30分～凌晨1點)，但公車上和公車站的所有標示均為韓文，對不會韓文的旅客來說並不方便。

搭乘巴士時，乘客可以選擇以投現或T-money交通卡支付車費，使用T-money的乘客享有每程100won的折扣，但記得在下車時要刷卡，否則會被罰雙倍車費。

種類	顏色	路線	巴士編號	價錢
幹線巴士	藍色	連接市中心與市郊	3位數	1,000 won
支線巴士	綠色	途徑居民區、地鐵沿線、長途公共汽車站	4位數	1,000 won
循環巴士	黃色	在首爾市中心的某個區內循環運行	2位數	800 won
廣域巴士	紅色	連接市中心與市郊靠站站點較少，更快到達市郊	4位數	1,800 won

車站資訊均為韓文

觀光客服務台
INFORMATION

旅遊諮詢中心

　　韓國的旅遊資訊很豐富，印製不少精美的免費地圖、小冊子給海外旅客，到步後可先到機場的旅遊諮詢中心，看看有沒有所需的資料。首爾在多個旅遊區均設有旅遊諮詢中心，當中以明洞M Plaza 5樓及清溪廣場附近的旅遊諮詢中心比較特別，比一般街上的旅遊諮詢中心大多了。除了免費的旅遊資訊外，現場還有中、英、日至少3位專人協助解答，而且諮詢較個人化。另不定期舉辦傳統文化的體驗活動，途經明洞或清溪川時不妨去看看。

仁川機場旅遊諮詢中心

✉ 仁川國際機場入境廳1、2號出口處及12、13號出口處
☎ (032)7432600
🕐 07:00～22:00

首爾文化交流旅遊諮詢中心

✉ 首爾市中區明洞2街31-1 M Plaza 5樓
☎ (02) 37897961
🕐 10:30～22:30
➡ 地鐵4號線至明洞站，從6號出口步行5分鐘

韓國觀光公社旅遊諮詢中心

✉ 首爾市中區清溪川路40號韓國觀光公社地下1樓
☎ (02)7299497～499
🕐 09:00～20:00
➡ 地鐵1號線至鐘閣站，從5號出口步行3分鐘

韓國觀光公社旅遊諮詢中心入口

傳統文化體驗活動的宣傳版

消費與購物
SHOPPING

營業時間

銀行	週一～五09:00～16:00
辦公時間	週一～五09:00～18:00
百貨公司	10:30～20:00，週一不定期公休
博物館/美術館	各館不同，週一公休

*不少博物館或美術館於週一公休，大家記得要留意，以免碰釘子啊！

貨幣

　　韓國的貨幣是韓圜(won)，1,000won約為台幣26～27元左右，即時匯率可在網上查詢。所需的韓圜最好先在台灣兌換，或者帶點美金前行，以便急用時可於銀行或兌換店兌換韓圜。

　　韓幣分為紙鈔、硬幣2種，紙鈔有1,000won、5,000 won、10,000 won、50,000 won 4種，其一面是歷史人物，而硬幣方面也有分10won、50 won、100 won、500 won這4種。

　　雖然街上的小攤、小店只接受現金，但Visa、Master信用卡已被韓國商店廣泛接受，在各大百貨公司、免稅店、餐館、便利店等都可以使用。一般來說，核對金額後進行電子簽署即可，最好保留收據，以便不時之需。

匯率查詢
http tw.money.yahoo.com/intl_currency

消費指南表

罐裝汽水	700 won
啤酒	1,700 won
電影票	8,000～9,000 won
韓式三角飯團	750 won
速食麵	600 won
甜甜圈	1,000 won
麥當勞速食套餐	4,600 won
明信片郵資	350 won
計程車起跳	2,400 won
星巴克咖啡	3,300 won

折扣日

　　除了轉季月分或節日的折扣優惠外，為了吸引海外旅客，韓國每半年會舉辦一次大型的「首爾購物優惠季」，為期接近2個月。從2011年起，活動更改名為「韓國購物優惠季」，優惠衝出首爾並遍及全國，包括釜山、濟州島等10多個地方的百貨、餐廳、樂園及酒店，規畫愈來愈大，折扣低至半價。會員卡和小冊子的優惠券可在機場、旅遊諮詢中心辦理索取，詳細的折扣優惠可查看小冊子或在網上查詢。結算時只要出示會員卡或優惠券，即可享有折扣優惠。

韓國購物優惠季Korea Grand Sale
http www.koreagrandsale.or.kr

小費

　　韓國沒有付小費的文化，只有部分高級餐廳和飯店附加10%服務費，但已包含在帳單上，不需要另給小費。

退稅

大部分韓國的商品或服務價錢已包括10%加值稅，但旅客在貼有「Tax Free」的店鋪一次性購物滿30,000 won以上，即可申請退稅。扣除手續費，實際所得的款項約為商品價格的3～7%，但並不是買得愈多，退稅的百分比就愈多，而是按照你購物金額在哪個退稅級別，譬如50,000～74,999 won是同一個級別，不管你購物滿50,000 won還是74,999 won，一律退稅3,500 won。

退稅流程：

1.結帳時向店員說明需要退稅，店員會告訴你辦理的地方。

2.在百貨或超市的退稅櫃台填寫退稅傳票(譬如姓名、地址、護照號碼、國藉)，若無退稅櫃台，店員會代辦

3.到達機場後，把填好的退稅傳票、收據和退稅物品交到海關申報櫃台蓋章，海關申報櫃台可在仁川機場C、E、H、K櫃台找到。

4.辦理登機手續後，在28號登機門附近的退稅櫃台領取退稅金額，可選擇以現金、信用卡或郵寄方式收取，建議當場以現金取款。

韓圜退稅金額參考

購買金額	退稅金額
30000～49999	1,500
50000～74999	3,500
75000～99999	5,000
100000～124999	6,000
125000～149999	7,500
150000～174999	9,000
175000～199999	10,000
200000～224999	12,000
225000～249999	13,500
250000～274999	15,500

←退稅傳票

↓ Global Refund的標誌

退稅時要注意

蓋章時應該攜同退稅物品給海關檢驗，如果先辦理登機手續，忘記跟航空公司人說明而把物品託運的話，退稅金額或許會泡湯。所以建議大家跟著上面的流程，先去蓋章，再辦登機手續。

Global Refund退稅櫃台
- ✉ 仁川國際機場3樓28號登機門附近
- ☎ (032)7434140 (語言服務：英、日)
- 🕐 07:00～21:00
- http www.globalrefund.com

Tax Free Korea退稅櫃台
- ✉ 仁川國際機場3樓28號登機門附近
- ☎ (02)33984837 (語言服務：中、英、日)
- 🕐 07:00～22:00
- http www.taxfreekorea.com

日常生活資訊
LIVING INFORMATION

韓國的四季分明，夏天炎熱潮濕，氣溫高達30多度，6～9月是韓國的雨季，降雨機會較多，應常備雨具，7～8月更是首爾的超級下雨月，平均每兩天就有一天下雨。韓國的即時天氣，可到韓國氣象廳的網址查詢。

春天、秋天的日夜溫差大，就算白天的天氣暖和，早晚最好帶備薄外套。冬天寒冷乾燥，甚至會下雪，羽絨、圍巾、手套、毛帽等保暖衣物不可少！

國定假日&溫度對照表

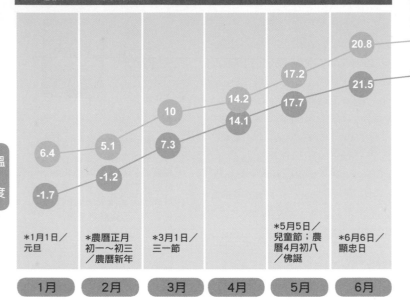

温度

| 20.8 |
| 17.2 |
| 17.7 / 21.5 |
| 14.2 / 14.1 |
| 10 |
| 5.1 / 7.3 |
| 6.4 |
| -1.2 |
| -1.7 |

*1月1日／
元旦

*農曆正月
初一～初三
／農曆新年

*3月1日／
三一節

*5月5日／
兒童節；農
曆4月初八
／佛誕

*6月6日／
顯忠日

| 1月 | 2月 | 3月 | 4月 | 5月 | 6月 |

打電話

　　韓國的公共電話可以在機場、地鐵、主要的旅遊景點等找到，市內通話費用為3分鐘70 won，接受投幣、電話卡或以T-Money支付。只要金額足夠，公共電話可以撥打國際長途電話。

不要一次投下所有硬幣

投幣使用公共電話時要留意，通話結束後，剩餘的金額會作為下次使用，不會退還，所以不要一口氣投光硬幣啊！

韓國實用電話

★ **報案熱線**：112

★ **火災及救護車**：119

★ **緊急醫療**：1339

★ **旅遊資訊諮詢熱線**：1330

★ **外國人免費諮詢服務熱線**：(02)120

★ **警察廳失物申報中心**：(02)22991282

★ **旅客申訴** ：(02)7350101

★ **查號台**：114

*旅遊資訊諮詢熱線1330提供24小時中、英、日文服務，專為旅客解決疑難，如果不知道應該致電哪個機構，可以優先考慮1330啊！

從台灣打去韓國　用台灣市話、手機打

撥打方式	國際號碼+	韓國國碼+	區域號碼+	電話號碼
1.打韓國市話	001、002、008	82	去0	市話號碼
2.打韓國手機	001、002、008	82	／	手機號碼(去0)
3.打到台灣帶去的漫遊手機	／	／	／	直撥手機號碼

Travel Information

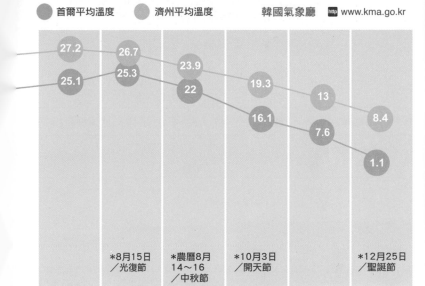

首爾平均溫度　　濟州平均溫度　　韓國氣象廳　http www.kma.go.kr

27.2　26.7　23.9　19.3　13　8.4

25.1　25.3　22　16.1　7.6　1.1

*8月15日／光復節　　*農曆8月14～16／中秋節　　*10月3日／開天節　　*12月25日／聖誕節

7月　8月　9月　10月　11月　12月

從韓國打回台灣　用韓國市話、手機打

撥打方式	國際號碼+	台灣國碼+	區域號碼+	電話號碼
1.打到台灣市話	001、002、008	886	去0	市話號碼
2.打到台灣手機	001、002、008	886	/	手機號碼去0

從韓國打回台灣　用台灣帶去的漫遊手機打

撥打方式	國際號碼+	台灣國碼+	區域號碼+	電話號碼
1.打到台灣市話	001、002、008	886	去0	市話號碼
2.打到台灣手機	001、002、008	886	/	手機號碼(去0)

在韓國打韓國本地　用韓國市話、手機打

撥打方式	國際號碼+	台灣國碼+	區域號碼+	電話號碼
1.打韓國市內電話	/	/	02(首爾) 032(仁川) 064(濟州)	市話號碼
2.打韓國手機	/	/	/	直撥手機號碼
3.打到由帶去的漫遊手機	001、002、008	886(台灣)	/	手機號碼(去0)

撥打方式	國際號碼+	台灣國碼+	區域號碼+	電話號碼
1.打韓國市話	／	／	02(首爾) 032(仁川) 064(濟州)	市話號碼
2.打韓國手機	／	／	／	手機號碼(去0)
3.打台灣帶去的漫遊手機	001、002、008	886	／	手機號碼(去0)

*請注意，因為韓國和台灣的電話系統不一樣，漫遊手機必須使用3G手機和3G SIM卡，而且需事前在台灣開通漫遊服務，才得在韓國地區使用。

地鐵裡的公共電話

節慶

　　韓國各地在不同的時間舉辦大大小小的節慶活動，比較密集的是4～5月，4月有賞花的節慶，5月有宗教、文化的節慶，好不熱鬧。韓國的節慶日子會根據週末和花期而略有更改，所以最好在活動網址查詢最新的日期。

月分	地區	活動	網址
12月31日～1月1日	濟州西歸浦市	城山日出節	china2.tour2jeju.net
2月	濟州市	濟州正月十五野火節	buriburi.go.kr
2月	江原道春川市	春川市元宵節望月慶典	tour.chuncheon.go.kr
4月	首爾永登浦區	漢江汝矣島櫻花祭	www.ydp.go.kr
4月	濟州市	濟州櫻花節	culture.jeju.go.kr
4月	濟州市	濟州油菜花祭	culture.jeju.go.kr
4月	京畿道利川市	利川陶瓷節	www.ceramic.or.kr
4月底～5月初	京畿道高陽市	高陽世界花卉博覽會	www.flower.or.kr
5月第一個週日	首爾鐘路區	宗廟大祭	www.jongmyo.net
5月	首爾永登浦區	Hi首爾文化節	www.hiseoulfest.org
5月	首爾鐘路區	燃燈慶典	llf.or.kr
5月	江原道春川市	春川國際啞劇節	www.mimefestival.com
10月	仁川市	仁川蘇萊浦口慶典	www.soraefestival.net
11月	京畿道利川市	利川米文化節	www.ricefestival.or.kr

Travel Information

醫院與藥局

旅行在外最好準備好自己常用的藥物，以策安全。如果不幸病倒，輕微不適可考慮到藥局購買簡單的藥物，嚴重的話還是致電緊急醫療熱線1339，此熱線提供24小時的中、英、日文服務，可因應情況、地區介紹設有外語服務的醫院，甚至充當旅客和醫院之間的翻譯。

設有外國人診所的綜合醫院

Severance 醫院

✉ 首爾市西大門區新村洞134

📞 (02)3616540

🕐 週一～五09:30～12:00、14:00～17:00；
週六09:30～12:00

- -

峨山中央醫院 (Asan Medical Center)

✉ 首爾市松坡區風納洞 388-1

📞 (02)30105001

🕐 週一～五09:00～17:00

- -

三星醫院 (Samsung Medical Center)

✉ 首爾市江南區逸院洞50

📞 (02)34100200

🕐 週一～五09:00～16:00；週六09:00～11:00

「약」的意思是藥，認住這個單字就知道哪間店是藥局

網路

韓國的Wi-Fi覆蓋點多，除機場與地鐵外，很多大型商場、百貨公司、咖啡廳、民宿、飯店都免費提供Wi-Fi的上網服務。如有需要，也可到網咖使用網路、文書處理、列印等服務，每小時只需1,000～1,500 won。

郵寄

從韓國寄明信片回台灣的郵資為370 won，空郵信件不超過10克只收480 won，超過10克可參考下表，在文具店或郵局可以買到郵票。也可選擇以EMS快遞、空運或船運的方式寄包裹，價格按運送方式及重量而定，可前往郵局付費投寄。

重量	韓國寄台灣郵費
20克	520 won
50克	810 won
100克	1,450 won
250克	2,800 won
500克	5,050 won
1,000克	9,500 won
2,000克	17,500 won

Korea Post

📞 (02)2195111

🌐 www.koreapost.go.kr

電器使用

韓國的電壓是220伏特，插座形狀爲平行圓形2孔，如果需要帶電器到當地使用，要檢查是否支援220V伏特，是的話就不用準備變壓器，只需帶備轉換插頭就行。

在韓國使用的轉換插頭形狀

報紙與媒體

《朝鮮日報》是韓國最具代表性的報紙，受到廣泛讀者歡迎，而韓國的英文報紙主要有3份，分別是《中央日報》、《韓國時代新聞》(Korea Times)、《韓國先驅報》(Korea Herald)。除此之外，韓國還有一系列的免費報紙和雜誌索取，可以在地鐵和地鐵出入口拿到，例如：報紙《AM7》、週刊《M25》、月刊《COCOFUN》、季刊《Seoul Fan》，是獲取最新情報的好方法，不過要留意免費報紙的的提供會在週末休息。

街上供索取的免費雜誌

治安

韓國的治安很好，但出門在外也要應該注意安全，避免在晚間前往偏僻的地方，或是盡量結伴同行，而且意外就是指意料之外，把韓國實用電話隨身攜帶(P.248)，有狀況也方便求救。另外，因爲韓國人喜歡喝酒，如果在路上遇到貌似喝醉的人，盡量避開，以免不必要的麻煩。

實用網站

韓國的網站以韓文爲主，英文爲副，再來是日文，最後才是中文。但不用太擔心，以下幾個韓國的官方機構均設有中文的旅遊及生活資訊，非常實用。

韓國觀光公社
www.visitkorea.or.kr

Hi Seoul
tchinese.seoul.go.kr

濟州特別自治道
jeju.go.kr

春川市
tour.chuncheon.go.kr/chi

京畿道政府
www.gg.go.kr

仁川旅遊公社
www.into.or.kr

Travel Information

朝鮮半島非軍事區旅行團

朝鮮半島非軍事區(DMZ)是南北韓雙方在1953年簽署《南北韓停戰協定》後所設的非軍事區，位於南北韓之間，長約250公里，寬約4公里。非軍事區並非由南北韓管理，而是由中立國軍事停戰委員會監督，嚴格禁止雙方試圖進入朝韓非軍事區內。

由於非軍事區的位置敏感，並不是所有人都能隨便前往的，旅客必須參加指定的旅行團才能前往。對這段歷史感興趣的朋友，可以選擇提供中文或英文導覽服務的旅行社，並且提前報名，提交所需的資料或文件，行程由半天到整天不等，團費約46,000 won～130,000 won。

中央高速觀光
📞 (02)22663350
🌐 www.jsatour.com

吉士旅行社
📞 (02)7659625
🌐 www.jimsclub.net

COSMO.JIN Tour
📞 (02)3180345
🌐 www.cosmojin.com

I Love Seoul Tour
📞 (02)7301090
🌐 www.iloveseoultour.com

Seoul City Tour
📞 (019)6179039
🌐 www.seoulcitytour.net

Travel In Korea
📞 (02)27363536
🌐 www.tourinkorea.com

知識充電站

非軍事區簡單字詞

不同旅行社提供的行程略有不同，但下面幾個地方一定要知道喔！

1.板門店：南北韓雙方簽署《南北韓停戰協定》的地方。

2.第三隧道：第三條被發現連接南北韓的隧道。

3.都羅展望台：最近距離看到北韓而又對外開放的展望台。

4.不歸橋：韓戰結束後南北韓雙方交換戰俘之用，意指不會因後悔而再回去。

旅行小抄

參加DMZ旅行團的注意事項

非軍事區(DMZ)並不是一般玩樂的旅遊景點，為了確保大家安全愉快的旅遊體驗，請留意下面的事項：

1. 必須隨身攜帶護照。

2. 應穿著得宜，不要穿破爛的牛仔褲、無袖的上衣、短褲、迷你裙、拖鞋、軍用服裝、運動服等。

3. 有些地方和時間不容許拍照，請緊遵導遊吩咐，否則膠卷、記憶卡、相機有機會被沒收。

4. 不允許使用配有超過100mm焦距的中長鏡頭相機，建議不要攜帶。

5. 不應與北韓軍人對話或揮手。

旅行社DMZ的章程

個人旅行 *104*

首爾・濟洲(附利川.南怡島.春川.安養)

作　　者 車建恩
攝　　影 車建恩

總 編 輯 張芳玲
書系主編 張焙宜
文字編輯 林孟儒
美術設計 王之義
地圖繪製 魏志孟

TEL：(02)2836-0755　FAX：(02)2831-8057
E-mail：taiya@morningstar.com.tw
郵政信箱：台北市郵政53-1291號信箱
太雅網址：http://www.taiya.morningstar.com.tw
購書網址：http://www.morningstar.com.tw

發 行 所　太雅出版有限公司
　　　　　台北市11148忠誠路30號7樓
　　　　　行政院新聞局版台業字第五○○四號
承　　製　知己圖書股份有限公司　台中市工業區30路1號
　　　　　TEL：(04)2358-1803
總 經 銷　知己圖書股份有限公司
　　　　　台北分公司 台北市106羅斯福路二段95號4樓之3
　　　　　TEL：(02)2367-2044　FAX：(02)2363-5741
　　　　　台中分公司 台中市工業區30路1號
　　　　　TEL：(04)2359-5819　FAX：(04)2359-5493
　　　　　郵政劃撥 15060393
　　　　　戶　名 知己 圖書股份有限公司
廣告刊登　太雅廣告部
　　　　　TEL：(02)2836-0755　　E-mail：taiya@morningstar.com.tw

初　　版　西元2012年05月01日

定　　價　370元

(本書如有破損或缺頁，請寄回本公司發行部更換；或撥讀者服務部專線04-2359-5819)
ISBN 978-986-6107-57-3
Published by TAIYA Publishing Co.,Ltd.
Printed in Taiwan

國家圖書館出版品預行編目(CIP)資料

首爾.濟州：附利川.南怡島.春川.安養 / 車建恩
作.攝影. -- 初版. -- 臺北市：太雅, 2012.05
　面；　公分. -- (個人旅行；104)
ISBN 978-986-6107-57-3(平裝)

1.旅遊 2.韓國首爾市 3.韓國濟州島

732.7609　　　　　　　　　　101003219

-(請沿此虛線壓摺)- - -

這次購買的書名是：

首爾‧濟洲(附利川.南怡島.春川.安養)(個人旅行 104)

＊01 姓名：＿＿＿＿＿＿＿＿ 性別：□男 □女 生日：＿＿＿＿ 民國＿＿＿ 年

＊02 您的電話：＿＿＿＿＿＿＿＿＿＿＿＿＿＿＿＿＿＿＿＿＿

＊03 E-Mail：＿＿＿＿＿＿＿＿＿＿＿＿＿＿＿＿＿＿＿＿＿

＊04 地址：□□□□□＿＿＿＿＿＿＿＿＿＿＿＿＿＿＿＿

05 您的旅行習慣是怎樣的：
□跟團　　　　□機＋酒自由行　　　□完全自助
□旅居　　　　□短期遊學　　　　　□打工度假

06 通常在一趟旅行中，您的購物預算是多少(新台幣)：
□10,000以下　　□10,000～30,000　　□30,000～100,000
□100,000以上

07 您最近3次前往旅行的地方分別是(空格處請填寫城市)：
□台灣＿＿＿＿＿　□日本＿＿＿＿＿　□韓國＿＿＿＿＿
□中國大陸＿＿＿　　　　　　　　　□美國＿＿＿＿＿
□加拿大＿＿＿＿　□歐洲＿＿＿＿＿　□東南亞＿＿＿＿
□紐西蘭＿＿＿＿　□澳洲＿＿＿＿＿　□度假小島＿＿＿
□其他＿＿＿＿＿＿＿＿＿＿＿＿＿＿＿＿＿＿＿＿＿＿

08 您通常跟怎樣的旅伴一起旅行：
□父母　　　□另一半　　　□朋友2人行　　□跟團
□親子　　　□自己一個　　□朋友3～5人

09在旅行過程中最讓你困擾的是：
□迷路　　　□住宿　　　□餐飲　　　　□買伴手禮
□行程規畫　□語言障礙　□突發意外

10 您需要怎樣的旅館資訊：
□星級旅館　　□商務旅館　　□一般旅館　　□民宿
□青年旅館　　□搭配機票套裝行程的旅館

11 您認為本書哪些資訊重要：(請選出前三項，用1、2、3表示)
□行程規畫　　□景點　　　□住宿　　　□購物逛街
□餐飲　　　　□貼心提醒　□地圖　　　□教戰守則

12 如果您是智慧型手機或平板電腦的使用者，會購買旅遊電子書嗎？ □會　　　□不會

13 如果您使用旅遊電子書，您最期待哪些功能呢？
(請選出前三項，用1、2、3表示)
□地圖　　　□GPS定位　　□交通　　　□住宿
□美食　　　□景點　　　　□購物　　　□其他＿＿＿

14 若你有使用過電子書或是官方網路提供下載之數位資訊，真正使用經驗及習性？
□隨身攜帶很方便且實用　□國外上網不方便，無法取得資訊
□電子工具螢幕太小，不方便閱讀　□其他＿＿＿＿＿

15 計畫旅行前，您通常會購買多少本參考書：＿＿＿＿本

16 您最常參考的旅遊網站、或是蒐集資訊的來源是：
＿＿＿＿＿＿＿＿＿＿＿＿＿＿＿＿＿＿＿＿＿＿＿＿＿

17 您習慣向哪個旅行社預訂行程、機票、住宿、或其他旅遊相關票券：＿＿＿＿＿＿＿＿＿＿＿＿＿＿＿＿＿＿＿

填表日期：＿＿＿＿年＿＿＿＿月＿＿＿＿日

太 雅 部 落 格
http://taiya.morning star.com.tw

(請沿此虛線裁剪)

〈請沿此虛線壓摺〉

廣　告　回　信
台灣北區郵政管理局登記證
北 台 字 第 １ ２ ８ ９ ６ 號
免　　貼　　郵　　票

太雅出版社　編輯部收

台北郵政53～1291號信箱
電話：(02)2836-0755

傳真： **02-2831-8057**

(若用傳真回覆，請先放大影印再傳真，謝謝！)

(請沿此虛線壓摺)

太雅

太雅部落格 http://taiya.morningstar.com.tw

有 行 動 力 的 旅 行 ， 從 太 雅 出 版 社 開 始

（請沿此虛線裁剪）